AF346580

MÉMOIRES

DE

MONSIEUR

DE SAINT-GORY.

PAR MADAME

LA

COMTESSE DE V***.

A LONDRES,

Et se trouve A PARIS,

Chez les Libraires qui vendent des
Nouveautés.

M. DCC. LXXVI.

AVERTISSEMENT.

UNE Préface à la tête d'un Livre est pour l'ordinaire un meuble fort inutile que l'Auteur seul se donne la peine de lire, & qui ne peut être nécessaire que pour expliquer des passages obscurs traités dans l'ouvrage. Mes Mémoires ne font point sujets à cette regle d'usage ; ainsi l'on se contentera de quelques réflexions que ma retraite a fait naître, dix ans écoulés, loin du monde, font des Docteurs bien éloquens. J'avois passé

ma vie dans la diſſipation , &
j'étois abſorbé de ces riens
revêtus d'importance, lorſque
de ſages amis me deſſillerent
les yeux. C'eſt dans ma ſolitude où j'ai commencé à goûter les vrais biens en faiſant
des heureux. Pour me con-
vaincre du bonheur dont je
jouis , je veux me rappeller
toutes les circonſtances de
ma vie , & les peſer avec les
préſentes.

MÉMOIRES

DE

MONSIEUR

DE SAINT-GORY.

Mon Pere, nommé Dubois, étoit un riche négociant de la ville de Lyon. Un bien affez confidérable lui permettoit de tenir un ton, que jadis on laiffoit à la Nobleffe, mais les tems étoient déja changés. J'étois fils unique. Ma mere voulant me donner un nom qui fe fentît de la fortune dont je devois jouir un jour, me fit prendre celui de Saint - Gory. Mon

A iij

éducation fut semblable à celle qu'on donne ordinairement. Mon Précepteur, loin de me former le caractère par des leçons utiles, applaudissoit jusqu'à mes défauts. Il esperoit sans doute par cette lâche complaisance, se concilier l'amitié de mes parens, & uniquement occupé du soin de conserver sa place, il négligeoit les devoirs sacrés d'un emploi si délicat ; ainsi les dispositions favorables que j'avois ne furent point cultivées. A vingt ans j'étois déja l'homme le plus vain & le plus ignorant : ce fût à cet âge que je perdis mon pere & ma mere. Devenu par-là, possesseur d'un bien considérable, je résolus de voyager.

Après avoir reglé mes affaires en jeune homme, c'est-à-dire, sans beaucoup d'ordre, je quittai Lyon pour me rendre à Paris. La longueur de la route commençoit

déja à m'ennuyer, lorſque la mal-
adreſſe de mon poſtillon me jetta
dans une horniere, où ma voiture
fut briſée, & un de mes chevaux
fut tué. Je m'eſtimois trop heureux de ne l'être pas moi-même
pour m'affliger de ce déſordre,
& je le regardai d'un œil aſſez
tranquille. Mes gens s'occupoient
à le réparer, lorſqu'une Dame
paſſant près de nous, après s'être
fait informer du malheur qui venoit de m'arriver, m'offrit obligeamment une place dans ſon
équipage. Je l'acceptai avec reconnoiſſance. Elle avoit avec elle
une jeune perſonne qui me parut
charmante, & je ne tardai pas d'apprendre qu'elle étoit ſa fille. Elle
joignoit à une figure intéreſſante
la régularité des traits ; mais la
douleur étoit peinte dans ſes
beaux yeux. Lorſque je l'eus fixée,
je ſentis dans mon ame un mouvement qui juſqu'alors m'avoit été

inconnu. Seroit-ce de l'amour, me difois-je à moi-même ? Non, ce fentiment eſt un hommage ſecret que l'on rend à la beauté. Je ne puis être amoureux d'une perſonne que je ne connois pas. La régularité de ſes traits peut-elle me répondre des qualités de ſon ame. Ces réflexions abſorboient tellement les puiſſances de mon être, que je répondois aux queſtions que me faiſoit la mere avec une diſtraction étonnante. Enfin elle m'en tira en me faiſant remarquer une maiſon de campagne charmante, dans la plus belle poſition qu'il ſoit poſſible d'imaginer. Je fus ſurpris de ce que notre voiture enfiloit les avenues de ce château ; mais elle m'apprit que cette maiſon appartenoit à M. de Pirlot ſon pere, & que nous y reſterions juſqu'au lendemain ; auſſitôt l'équipage arrêta.

M. de Pirlot vint nous recevoir ;

après les premiers complimens &
quelques tours de jardin, on se
mit à table. Eh bien, dit - il à sa
fille, vous menez sans doute la
pauvre Sophie à Paris pour la sa-
crifier enfin à l'ambition de vos
fils? c'est sa vocation, reprit vivement la mere, je lui ai dit là-
dessus tout ce que ma tendresse a
imaginée, je n'ai pu la convaincre;
à Dieu ne plaise que je la détourne
d'un projet si saint; le sacrifice que
je fais est plus grand que celui
qu'elle fera : mais le ciel l'exige,
& adroitement elle détourna la
conversation.

Pour moi j'étois resté immobile;
chaque phrase m'avoit poignardé,
& cette sentence irrévocable étoit
le coup mortel que l'aimable Sophie n'avoit pas ressenti plus que
moi ; j'étois outré de la dureté de
cette mere barbare , & j'aurois
donné tout mon bien pour que
M. de Pirlot eût eu plus de fermeté.

Ce fût dans cette circonstance que je m'apperçus qu'un sentiment plus vif que celui de la pitié, commençoit à maîtriser mon cœur; mais j'étois trop accoutumé à suivre mes penchans pour combattre une passion qui avoit cette aimable personne pour objet. Je ne regardois point comme impossible de retirer Sophie du sort rigoureux qu'on lui destinoit; je suis riche, disois-je, & l'on conduit aisément une intrigue avec de l'argent, il ne s'agit ici que de se faire aimer.

Après le dîner on proposa la promenade. Je m'apperçus que Sophie avoit disparue. L'espérance de la retrouver dans les jardins, me les fit parcourir, mais inutilement. J'étois vivement affligé de voir que les seuls instants où je pouvois l'assurer combien son sort m'intéressoit, étoient perdus. Demain, disois-je, nous arrivons à Paris, je ne reverrai peut-être jamais cette belle infortunée, j'ignorerai le lieu où cette mere barbare l'aura conduite : ce moment pourroit m'en inftruire, & je n'en puis profiter. J'étois dans une agitation incroyable & trop occupé du fort de Sophie pour rejoindre fa cruelle mere. Je m'arrêtai fous un berceau pour me remettre un peu ; le premier objet qui m'y frappa fût Sophie ; elle étoit dans un état de défefpoir plus facile à comprendre qu'à décrire, & prête à attenter fur fes jours.... Calmez-vous, Mademoifelle, lui dis-je, & qu'un malheur incertain ne triomphe pas de votre fermeté. Quel intérêt me dit-elle, prenez-vous au fort d'une infortunée qui n'a d'autre efpoir qu'une prifon dont elle a plus d'horreur que de la mort, que cet inftant plutôt termine ma vie..... Les plus grands maux, lui dis-je, ne font pas toujours fans reffources; comptez fur mon zèle, inftruifezmoi seulement du lieu de votre retraite. C'est à l'Assomption, me dit-elle, que je dois finir mes jours; c'est pour ce Couvent que l'on me suppose de la vocation. Après l'avoir encore assurée que j'hazarderois tout pour la servir, je lui promis que sous huit jours au plus tard je lui donnerois de mes nouvelles. Je la quittai ensuite pour rejoindre M. de Pirlot & Madame de Courville sa mere.

J'affectai l'air le plus gai qu'il me fût possible, je louai ce que j'avois vu, le bon goût qui y regnoit, & je parlai de toutes choses auxquelles j'avois fait peu d'attention.

La journée m'ennuya beaucoup; je désirois être seul pour réfléchir sur les mesures que j'avois à prendre pour sauver Sophie. L'état où je l'avois vue se présentoit à mon esprit; je craignois de ne pouvoir lui donner de mes nouvelles sous

huit jours comme je le lui avois
promis. Ce tems étoit court, & je
n'entrevoyois encore aucun moyen
dont je pus me servir. Cependant
depuis notre conversation el e me
paroissoit moins triste, il sembloit
qu'elle goûtoit déja les avantages
de la liberté.

Lorsque je fus retiré dans ma
chambre , je m'occupai sérieusement de la lui procurer, je me
souvins qu'une de mes parentes
s'étoit retirée à l'Assomption depuis plusieurs années , & que sa
femme-de-chambre étoit filleule
de ma mere. Cette fille, me disois-
je, me sera fort utile dans cette
circonstance si elle est encore dans
ce Couvent, elle seule pourra faire
réussir mon projet.

Je fus fort satisfait de cette découverte, & j'allois me livrer à la
joie qu'elle m'inspiroit. lorsqu'un
sombre chagrin tout-à-coup vint
m'accabler.

Le désespoir cruel auquel j'avois vu Sophie s'abandonner à la seule idée d'entrer dans un Couvent, sembloit m'annoncer que ce cœur que je désirois captiver, l'étoit déja ; car enfin une fille n'attente point à sa vie, plutôt que de se faire Religieuse ; un tel excès ne peut provenir que de l'amour , je lui procurerai la liberté , & ses soupirs seront pour un mortel plus fortuné que moi.

Mais sur le champ succédoit cette autre reflexion. Faut-il que sur un simple soupçon je laisse une personne intéressante victime du fort ? Seroit-ce un crime si son cœur étoit engagé ? Ai-je des droits pour m'y opposer ? Mes soins ne seront-ils pas assez payés si Mademoiselle de Courville me doit la liberté ? Mon amour est un sacrifice que ma générosité exige.

J'imposai silence à ma passion, & je ne regardai plus Sophie que

comme une infortunée que ma
fensibilité vouloit rendre heureufe.
Comme je prévoyois qu'il me feroit impoffible de lui renouveller
les promeffes que je lui avois fait
la veille, j'écrivis un billet pour
lui remettre à l'occafion la plus favorable. Elle me fut préfentée en
montant en carroffe, toute ma fermeté penfa échouer en la voyant ;
mais après un férieux examen j'en
revins à mes premieres réfolutions,
& je facrifiai mon bonheur à celui
de Sophie.

Le moment où je devois la quitter étant arrivé, je me féparai de
Madame de Courville & de fon
aimable Fille, plus fatisfait de ma
générofité que du progrès de mon
amour.

Je me fis conduire dans la rue
Dauphine où je devois loger ; je
trouvai mes gens qui étoient arrivés depuis plufieurs heures. Comme
j'étois peu occupé de ce qui s'étoit

paffé depuis mon départ , je me retirai dans ma chambre fans m'informer de rien. Pour refléchir encore fur les moyens dont je devois me fervir pour rendre la liberté à Sophie , je n'en trouvai point de plus sûr que d'intéreffer Conftance, cette femme-de-chambre dont j'ai déja parlé.

Dès le lendemain je vis Madame de Courville qui m'apprit que fa fille étoit au Couvent, & qu'elle repartoit inceffamment pour fes Terres. Un départ fi prompt auquel je ne m'attendois pas , fut pour moi une nouvelle agréable.

En fortant de chez elle je me rendis à l'Affomption pour voir Madame Deftournelles ; j'appris qu'elle étoit morte depuis un mois, & que Conftance étoit paffée au fervice d'une autre Dame dans la même maifon. Je vis cette file , je l'intéreffai par mes préfens & encore plus par mes promeffes, à m'etre

m'être utile dans l'affaire délicate
dont il s'agiſſoit. Son caractère
étoit ſemblable à celui de ſes pareilles, c'eſt - à - dire que l'intérêt
pouvoit beaucoup auprès d'elle;
auſſi me promit - elle toute la diſ-
crétion & l'adreſſe néceſſaire pour
faire réuſſir mon projet. Elle ne
me trompa point; les ſervices
qu'elle m'a rendus ne pouvoient
être trop payés. Avant de la quitter
je lui remis un billet pour Sophie,
c'étoit une inſtruction exacte de
tout ce qu'elle devoit faire, je
croyois que le plus ſûr moyen
pour faire réuſſir cette affaire, ſe-
lon mes vues, étoit de marquer
moins de répugnance pour l'état
qu'on la forçoit d'embraſſer, & je
lui donnois à ce ſujet tous les avis
que mon zele me ſuggéroit.

Je retournois ſouvent à l'Aſſomp-
tion, j'établis une correſpondance
entre Sophie & moi, par le moyen
de Conſtance, notre agent com-
mun.

Un mois s'étoit déja écoulé depuis notre arrivée à Paris, fans pouvoir donner aucun efpoir de liberté à Mademoifelle de Courville. Le chagrin fans doute de fe voir condamner à s'enfevelir pour toujours dans ce funefte tombeau, ne contribua pas peu à la plonger dans une langueur qui fit craindre pour fes jours. Je fus inftruit par Conftance du danger où fa vie étoit expofée, fi un prompt expédient ne l'en retiroit, l'intérêt que je prenois à des jours où le bonheur des miens fe trouvoit attaché, étoit trop vif pour ne point tout hazarder, afin de rendre à Sophie une liberté qui lui étoit fi chere. Tous les projets que je formois étoient fi peu réfléchis, que je les rejettois auffitôt qu'ils naiffoient. Enfin il m'en vint un que je réfolus d'éxecuter; en conféquence je fis dire à Conftance de fe rendre l'après midi chez moi, que je l'inf-

truirois de tout ce qu'elle devoit
faire : je lui remis un déguisement
d'Abbé & une lettre pour Mademoiselle de Courville, dont voici
le précis.

» Le vif intérêt, Mademoiselle,
» que vous m'avez inspiré d's le
» premier instant qui vous offrit à
» mes yeux, doit vous assurer com-
» bien mon cœur partage le mal-
» heureux destin qui vous accable.
» La liberté dont je jouis me de-
» viendroit odieuse si celle de l'ai-
» mable Sophie se trouvoit enga-
» gée par des vœux plus barbares
» que pieux. La fidelle Constance
» m'a instruit de l'état de langueur
» dans lequel vous êtes réduite ; ce
» triste récit a mis le comble à
» mes inquiétudes : je hazarde tout,
» Mademoiselle, pour qu'un jour
» plus serein luise enfin pour vous.
» Les occupations que la fête de
» demain fait naître dans votre

» maifon, me préfente une occa-
» fion favorable pour la réuffite de
» mes projets. Je vous envoye un
» habillement d'Abbé, vous pré-
» fumez bien fans doute à quel
» deffein, & moi - même je me
» rendrai à votre Couvent dans une
» heure, fous le même déguife-
» ment ; je me ferai annoncer
» comme étant votre frere , la lan-
» gueur où vous êtes plongée ne
» vous permettant pas de venir au
» parloir, vous tâcherez d'obtenir
» que j'entre dans la maifon. J'ef-
» pere tout de mon uniforme qui
» ne fera point fufpecte à des Re-
» ligieufes ».

Je me rendis à l'Affomption au
moment que j'avois marqué , &
ma prétendue fœur ayant été inf-
truite de mon arrivée , fit toutes
les inftances néceffaires pour qu'il
me fût permis d'entrer. Après quelque difficulté , je fus introduit près

d'elle par Madame la Supérieure
& plusieurs autres discretes qui,
quelques instans après, me laisserent en liberté. Lorsque je fus seul
avec Sophie, je la pressai vivement
de profiter d'un moment si précieux
pour quitter le lieu qu'elle abhor-
roit, d'un moment qui peut-être seroit l'unique qui se présenteroit.
De la fermeté, lui dis-je, servez-
vous du déguisement que je vous ai
envoyé; rappellez vos forces, tout
vous est favorable, & la nuit qui
s'approche vous aidera à vous sauver. Vous trouverez près d'ici un
carrosse qui vous conduira au Ma-
rais, où je vous ai loué un appartement, & demain Constance entrera
à votre service, ne perdez point de
tems, songez qu'un instant peut
vous trahir; elle me quitta si trem-
blante, que j'appréhendois que son
air peu assuré ne la fit reconnoître.

Lorsque je supposai qu'elle devoit être sortie, je songeai moi-

même à franchir ce pas. La situation où je me trouvai alors seroit difficile à décrire tout ce que j'entendois en traversant la maison ; me faisoit frémir depuis la tête jusqu'aux pieds. En arrivant aux tours je tremblois encore plus fort. Voilà des interrogations terribles , me disois-je, qu'il faut subir, les Portieres se souviennent sans doute de n'avoir fait entrer qu'un Abbé , & je suis le second qui sort , mais les circonstances m'étoient plus favorables que je n'aurois osé l'esperer, la Fête de Noel qui arrivoit le lendemain , avoit occasionné que plusieurs Prêtres entrassent dans la maison pour confesser les infirmes, & nous fûmes sans doute confondus dans la quantité.

Lorsque la porte fut refermée, je commençai à respirer ; je volai près de Mademoiselle de Courville dont la santé m'inquiétoit beaucoup. Je sentois par-tout ce que

j'avois souffert ce qu'elle avoit dû
souffrir elle-même. Je la trouvai
comme plongée dans un songe,
dont elle appréhendoit un reveil
trop cruel, à peine pouvoit-elle
se persuader la réalité de tout ce
qui venoit de se passer. Après être
revenue un peu à elle-même, elle
m'assura de sa reconnoissance dans
tous les termes les plus expressifs,
& elle me raconta toutes les
frayeurs qu'elle avoit eues en sortant de l'Assomption; je la quittai
ensuite pour lui laisser prendre le
repos dont elle avoit besoin.

J'étois bien satisfait des hazards
heureux qui m'avoient servis; mais
il manquoit une chose à mon bonheur, le cœur de Sophie étoit pour
moi le bien le plus précieux, &
je regardois comme impossible de
le posséder jamais. Je résolus de
m'éclaircir le lendemain d'un article si important à ma tranquillité. Le moment qui devoit déci-

der de mon ſort étant arrivé, je me
rendis chez elle, je lui demandai
le détail ſincere de ſa vie, & quelle
raiſon avoit forcé ſa mere à la vouloir faire Religieuſe, en lui connoiſſant une oppoſition ſi marquée
pour cet état.

Je fus deſtinée, me dit-elle,
dès l'âge de douze ans, à épouſer
un vieux gentilhomme nommé le
Marquis de Valfranc. Cet homme
joignoit à la figure la plus mauſſade,
un âge caduc, un caractere farou-
che & une humeur jalouſe. Quoique fort jeune encore je ne pouvois ſupporter l'idée d'avoir un
jour un tel époux. Je me jurai à
moi-même de ſouffrir plutôt tous
les maux que de jamais conſentir à
l'accepter. Ma mere avoit décidé
qu'à ſeize ans elle uniroit mon ſort
à celui de ce ſeptuagenaire. Les
vœux que je formois au ciel pour
que cette alliance fût rompue
avant que j'euſſe atteint cet âge,

ne

ne furent point exaucés. Lorſque mes ſeize ans furent accomplis, ma mere m'avertit de ſonger ſérieuſement à mon mariage qui devoit ſe célébrer ſous quinze jours. J'eus beau lui repréſenter que malgré l'obéiſſance qne je lui devois, je ne pouvois m'y réſoudre ; elle fut inexorable & me répondit que je n'avois pas d'autre parti à prendre que celui de me faire Religieuſe, ou d'épouſer M. de Valfranc, que ma fortune étoit bornée ayant deux freres, & qu'il n'y avoit point à balancer. L'idée révoltante d'épouſer M. de Valfranc, me détermina pour le Couvent, mais avant de rien réſoudre j'eſſayai d'attendrir mon pere ſur mon ſort. Comme il m'avoit toujours témoigné plus de tendreſſe que ma mere, j'eſperois de le fléchir ; mais il me reçut avec une dureté qui me déconcerta bien plus que celle de ma mere à laqu'elle j'étois accoutumée. N'ayant pu rien obtenir, je me déterminai à entrer au Couvent, & l'on me conduisit à l'Assomption.

Il y avoit près d'un an que j'y étois lorsque l'on m'en fit sortir, on espéroit sans doute que j'aurois moins de fermeté, & que je consentirois à épouser le vieux Marquis. On n'épargna rien pour me faire goûter tous les plaisirs que le monde offres ; tout cela fût inutile, je ne pus obéir, ma mere picquée de ma résistance, me ramenoit au Couvent, & certainement sans vous, j'y aurois fini mes jours.

Quelqu'heureux mortel, lui dis-je, n'est-il pas cause de la haîne que vous aviez pour M. de Valfranc ? Non, me répondit-elle, je n'ai jamais aimé, je n'ai pas même pu savoir si j'avois un cœur sensible, puisque je n'avois jamais vu rien d'aimable. On servoit si

bien la jalousie du vieux Marquis,
que j'étois presque toujours enfer-
mée dans ma chambre avec une
gouvernante payée pour me faire
sans cesse l'éloge de cet amant
hideux, ou plutôt de ses richesses,
& je vivois ainsi ignorée de tous
les mortels. Il me parois que vous
eussiez été plus heureuse dans un
Couvent. Aussi, continua Sophie,
l'avois-je choisi. Mais pourquoi
vous abandonnâtes-vous chez M.
de Pirlot à ce désespoir violent ;
car ne connoissant que votre chambre, le Couvent ne devoit point
vous paroitre une prison, & vous
ne pouviez regretter une liberté
dont vous n'aviez jamais joui ? Sophie rougit, son air embarrassé
sembla m'apprendre qu'elle n'avoit
pas dit la vérité, mais comme je
ne voulois pas lui déplaire, je
feignis de ne m'en être point apperçu, tout ce qu'elle m'avoit dit
jusques-là m'avoit paru sincere, je

fuſpendis donc mon jugement juſqu'à une épreuve plus convain-
cante, je la quittai dans ce moment.

J'étois venu à Paris dans la ſai-
ſon des plaiſirs pour en profiter,
& pour voir les beautés qu'offre
cette grande & ſuperbe Ville. Je
voulois ſavoir auſſi, ſi le public
étoit inſtruit de l'aventure ſingu-
liere qui s'étoit paſſée à l'Aſſomp-
tion. Pour m'en informer je fus
voir un de mes amis qui, tout
occupé de cette nouvelle, voulut
me la raconter avec toutes ſes
circonſtances. Je l'écoutai avec
attention, j'étois plus intéreſſé
qu'il ne le penſoit, à ſavoir qu'elle
ſenſation elle avoit fait ſur les
eſprits, & à m'informer adroitement ſi Sophie pouvoit avec ſû-
reté reſter à Paris.

Il m'apprit donc, ou du moins
il crut m'apprendre qu'une jeune
perſonne que l'on contraignoit à

fe faire Religieufe avoit été enle-
vée à ce qu'on préfumoit par fon
amant, mais fans éclat, qu'elle
étoit malade, qu'un Abbé qui fe
difoit fon frere étoit entré pour
la voir, que dès ce moment elle
étoit difparue, qu'on ne pouvoit
attribuer fa fuite qu'à cet Abbé.
Lorfque j'eus appris cette aventure, continua mon ami, je fus à
l'Affomption pour voir une de
mes fœurs qui eft Religieufe dans
cette maifon, elle me la raconta
telle qu'on me l'avoit déja dit.
J'applaudis beaucoup à l'adreffe
de l'Abbé, ce qui mortifia ma
fœur, & pour achever de la fâ-
cher je lui parlai férieufement de
ma façon de penfer fur tous les
Couvens où l'on compte la dot
d'une fille, & fa vocation paffe
par-deffus le marché; plus elle eft
confidérable, & plutôt il faut im-
moler la victime au demon de
l'avarice, par ce moyen une mere

coquette & jalouse trouve un azile pour les charmes de sa fille qui effacent les siens, & par une mort civile elle la dérobe aux yeux de tous les mortels. Ainsi des filles qui ont quitté le monde pour éviter les périls qu'elles supposoient y rencontrer, se rendent homicide avec securité de tant d'innocentes créatures. Si les Benoist, les Augustin & tant d'autres Fondateurs revenoient en ce monde, de quel œil regarderoient-ils ces pieuses meurtrieres!

Vous jugez bien que cette conversation ne plût point à ma sœur qui me quitta fort mécontente, pour moi j'étois du sentiment de mon ami, & nous passâmes encore plus d'une heure à nous entretenir sur l'avide avarice des Couvens.

Nous fûmes ensuite à la Comédie Françoise, nous vîmes une Commédienne qui me parut char-

mante. Si je ne connoiſſois point
Sophie, me diſois-je à moi-même,
je trouverois cette fille la plus aimable perſonne du monde ; avou-
rai-je ma foibleſſe, j'appréhendois
une heure avant, que Mademoiſelle de Courville n'aimât un autre
que moi, & dans cet inſtant je lui
déſirois un amant pour trouver
ſans doute un prétexte à mon in-
conſtance ; car charmé des graces
de la Nimphe Théatrale, je ne
déſirois plus que de la captiver,
je me fis informer de ſon nom, &
je réſolus dès le lendemain de
faire ma cour à la charmante Duprex, après avoir fait à Sophie
une viſite plus courte qu'à l'ordinaire. Je me rendis chez l'Actrice,
je n'en fus point maltraité. Déja
elle me comptoit ſans doute au
nombre des agréables qu'elle avoit
ruinés. Pendant un mois que cette
intrigue dura, je me crus le plus
heureux des hommes ; mais la dé-

pense excessive qu'une maitresse d'un si bon ton exige, m'effraya, & plus encore les assiduités d'un jeune Italien que l'on me préféroit; je me consolai cependant aisément. Je n'ignorois pas que le cœur de ces Demoiselles est au plus offrant; enfin je rompis cette intrigue avec plus de satisfaction que je ne l'avois nouée; mon seul chagrin étoit de l'avoir préférée à l'aimable Sophie. Je ne pouvois me pardonner mon injustice; mais cette leçon m'étoit utile pour me faire connoître le prix d'une femme vertueuse.

Lorsque j'eus rompu avec Mademoiselle Duprex, mes assiduités furent plus grandes auprès de Sophie, & mon amour, pour elle, reprit une nouvelle vivacité. Je questionnai Constance, pour savoir si elle n'avoit point été chargée de remettre des lettres, car dans la circonstance où elle étoit, elle ne pouvoit écrire qu'à un amant, tout le monde devant ignorer fa retraite. Mais cette fille m'affura qu'elle ne l'avoit même jamais vue écrire depuis prés de deux mois qu'elle étoit à fon fervice.

Cette converfation fit renaître l'efpérance dans mon cœur, je ne fongeois plus qu'à plaire à Mademoifelle de Courville, autant qu'elle m'avoit plu. La chaleur des pourfuites que fa famille avoit faite étant paffée, & cette jeune perfonne menant une vie fort ennuyeufe à Paris, je lui propofai d'aller en Efpagne au commencement de la belle faifon. La crainte que lui infpiroit la fureur de fa mere fi elle venoit à être reconnue, la fit confentir à ma propofition, & nous préparâmes tout pour voyager au printems.

Je voyois avec une fatisfaction connue feulement des cœurs qui favent aimer, que Sophie avoit

pour moi plus que de la reconnoiffance ; les tendres fentimens que
je lui remarquois, me donnerent
la force de lui déclarer les miens.
Comme elle n'étoit ni prude ni coquette & qu'elle ne poffédoit point
l'art de diffimuler, elle m'avoua
que l'horreur qu'elle avoit conçue
pour le couvent, s'étoit confidé-
rablement augmentée par l'impref-
fion que j'avois faite fur fon cœur.
Mais qu'elle jugeoit trop bien de
ma générofité pour rien craindre
de l'aveu fincere qu'elle me faifoit, que fon amour, quelque violent qu'il put être, ne triomphe-
roit point de fa vertu. Je l'affurai
que le mien étoit trop refpectueux
pour entreprendre rien qui pu lui
déplaire ; mais je lui fis promettre
de m'accorder fa main lorfque nous
ferions en Efpagne.

Au mois d'Avril fuivant, nous
entreprîmes ce voyage ; je réfolus
de conduire Mademoifelle de Cour-

ville à Toulouse, où elle devoit vivre ignorée, jusqu'à ce que j'eusse réglé toutes mes affaires à Lyon. Le tems que je passai éloigné d'elle, au lieu de diminuer mon amour, sembloit l'accroître encore, & je volai la rejoindre pour ne m'en plus séparer. Nous arrivâmes à Madrid, où je résolus de fixer mon séjour. Pour ne pas donner prétexte au scandale, je fis passer Sophie pour ma femme.

Dans l'hôtel où j'avois loué un appartement, un Seigneur Espagnol, nommé Dom Pedre de Sarmentio, y logeoit aussi. Sa société me parut la plus agréable qu'il me fut possible de former, & je cultivois son amitié avec soin. Dona Mélanie sa fille, faisoit toute la compagnie de Sophie ; elles se suffisoient l'une à l'autre. Un jour que j'étois sorti avec lui, pour voir ce que la paresse des Espagnols leur avoit permis de faire de plus

curieux, il me proposa de me conduire au Pradoviégo, comme la
plus belle promenade de Madrid.
J'y avois à peine fait vingt pas,
que je remarquai un homme dont
la physionomie ne m'étoit pas in-
connue : mais je cherchois inutilement à me le rappeller ; cet homme
me parut dans le même embarras,
& un instant après m'ayant abordé,
il m'apprit qu'il étoit Dumesnil,
un de mes amis dès l'enfance, que
des protections qu'il avoit en Espagne, jointes au peu de fortune
dont il jouissoit en France, lui
avoient présenté une perspective
plus agréable s'il changeoit de pays,
& l'avoient déterminé à accepter
une place honnête qu'on lui proposoit à Madrid, où il jouissoit
d'un état au-dessus de la médiocrité.
Après m'avoir raconté ce qui l'a-
voit attiré en Espagne, il m'engagea à venir souper avec Dom
Pedre, dans une petite maison de

campagne qu'il avoit près de la
ville. Après le souper, Dumesnil
me fit plusieurs questions, pour
savoir quelle affaire m'avoit conduit en ce pays. Le vin sans doute
avoit fait quelques impressions sur
moi, car je lui racontai, sans rien
obmettre, toute l'aventure qui
m'étoit arrivée avec Sophie ; je
m'étendis beaucoup sur ma passion
pour cette aimable fille & en même-
tems sur le peu de goût que j'a-
vois pour le sacrement qui, cependant, sembloit seul pouvoir me
rendre heureux.

Dumesnil qui étoit de ces gens
dont le libertinage a étouffé tout
sentiment d'honneur, m'offrit de
lever les scrupules de Sophie,
par une cérémonie qui ne m'en-
gageroit à rien. Je fus sans doute
bien plus criminel, par la lâcheté
que j'eus d'y consentir, & nous
prîmes ensemble toutes les mesures
nécessaires pour tromper Made-

moiselle de Courville. De retour à Madrid, je lui rappellai la promesse qu'elle m'avoit faite de m'accorder sa main lorsque nous serions en Espagne. Pour la mieux tromper, je lui fis entrevoir des inconvéniens si cette cérémonie se célébroit à la ville : elle me croyoit trop de grandeur d'âme, pour imaginer que je la voulois séduire ; en conséquence elle donna aisément dans tous les panneaux. Nous résolûmes donc de nous marier à la campagne, & ce fut, comme on le présume bien, chez Dumesnil, qui sous le déguisement dont Sophie avoit trompé les religieuses, le fut elle-même.

Il y avoit déjà plus d'un an qu'elle se croyoit mariée, lorsque la mort de mon homme d'affaire me força de faire un voyage à Lyon. Sophie se détermina à passer le tems que je serois absent, à la campagne chez Dom Pedre, avec Dona

Mélanie. Dès que je fus parti, Sarmentio témoigna son amour à Sophie, par les attentions les plus marquées ; mais voyant qu'elle ne comprenoit point ce langage muet, il lui parla clairement de ses sentimens, & pour dissiper tous les obstacles, il lui apprit que son prétendu mariage n'étoit qu'une feinte pour la tromper. Lorsque cet homme perfide eût remarqué l'impression que ce terrible éclarcissement faisoit sur la cœur de Sophie, il la laissa réfléchir en liberté sur ma trahison.

Lorsqu'elle fut seule, elle envoya chercher Mélanie ; cette Demoiselle joignoit à la bonté de l'âme, un cœur tendre & un jugement solide ; elle partagea la douleur de Sophie, & comme elle étoit résolue depuis longtems de se faire religieuse, elle présenta ce parti à Mademoiselle de Courville, comme le seul qui lui restoit, & aussitôt, elles se rendirent aux Géronimites, pour exécuter leur projet. Ainsi l'amour de Dom Pedre, en me trahissant, ne lui profita pas à lui-même.

Mais quelle fut ma surprise & mon désespoir en revenant à Madrid, d'aprendre par Constance tout ce qui s'étoit passé. Je fis tous mes efforts auprès de Sophie pour la faire changer de résolution; mais ils furent inutiles. Sa douleur m'accabloit, non par des reproches qui avilissent une âme bien née, mais par le mépris que méritoit mon odieuse conduite, & n'ayant plus aucun espoir, je me hâtai après avoir fait un sort à Constance, de quitter un pays qui fut le théâtre de ma perfidie & de mes malheurs.

Je revins à Paris, plongé dans le plus noir chagrin; le portrait de Sophie que j'avois conservé, ajoutoit encore de nouveaux dé-
grés

grés à ma douleur : mais ce gage
de son amitié étoit pour moi le
plus précieux bien. Objet charmant, lui disois-je souvent, je te
perds pour toujours, & je suis auteur de tes maux & des miens.
Ah ! Sophie, en te trompant, je
me trompois moi-même. Ces per-
fides conseils que suivit ma lâcheté,
sont bien punis par la douleur de
te perdre. Ces réflexions m'occuperent plus de deux ans ; ni les
voyages, ni les plaisirs de Paris
ne pouvoient m'en distraire ; ses
vertus encore plus que ses grâces
m'avoient attaché à elle , & j'é-
prouvai bien que l'orsqu'on estime
vraiment ce qu'on aime , on ne
peut être inconstant. Deux ans
écoulés loin d'elle n'avoient pu l'effacer de mon cœur : bien éloigné
de l'oublier, je chérissois tout ce
qui me la rappelloit, & la tristesse
qui en résultoit sembloit être un
adoucissement à mes maux.

D

Pour mieux entretenir cette mélancolie , j'allois souvent à l'Assomption , & c'étoit toujours un nouveau plaisir pour moi de me retracer l'aventure qui s'y étoit passée. Enfin le tems maître de nos destinées, qui seul peut éloigner les sensations que des évènemens heureux ou malheureux ont produit dans nos âmes , parvint à me retirer de cette mélancolie qui pendant si longtems avoit eu des charmes pour moi, lorsque la douleur est montée à son plus haut période ; chaque jour détruit ce sentiment étranger à notre être , & ce qui avoit paru le comble du malheur , nous devient indifférent par la suite. Ainsi le tems me rendit parjure & me fit oublier insensiblement Mademoiselle de Courville.

Le tumulte du monde auquel je me livrai , acheva bientôt de l'effacer de mon cœur. Mon âme

retrécie dans des cercles de co-
quettes, mettoit tout son bonheur
à captiver ces fades intriguantes;
mais le vuide que je ressentois
même au sein des plaisirs, me fit
abandonner Paris, pour chercher
un bonheur dont tout ce que je
voyois n'étoit que l'image. Je résolus de passer en Angleterre, es-
pérant au moins que le climat feroit une diversion qui pourroit me
plaire. Je m'embarquai à Calais;
les passagers m'ayant paru d'une
société agréable : j'eus bientôt fait
connoissance. Comme le vent étoit
absolument contraire, nous fûmes
près de quinze jours à nous
rendre à Londres. Pour nous distraire des ennuis que causoit ce
voyage, il fût résolu que chacun
amuseroit l'équipage du roman de
sa vie.

Pour moi, j'eus l'imprudence
de raconter la mienne & l'aventure de Sophie, qui en étoit l'é-

vènement le plus remarquable ne fut point oubliée. Mais je ne fus pas peu surpris lorsque je fus retiré dans ma chambre , d'y voir entrer un de mes auditeurs, qui, les yeux pétillans de colere , m'apprit qu'il étoit pere de Mademoiselle de Courville. J'ai tout reconnu, me dit-il , à l'hiftoire de l'Affomption , & je veux être fatisfait de l'injure faite à mon nom. J'eus beau m'excufer fur les circonftances , je ne pus l'adoucir. Auffitôt que nous eûmes pris terre, il m'entraîna dans un bois folitaire & nous mîmes l'épée à la main. Dès la premiere botte que je lui portai , j'eus le malheur de le tuer. Des payfans qui paffoient près de moi me prenant pour un affaffin, me firent arrêter. Comme je favois que le duel eft fort toléré en Angleterre, je fus peu effrayé de la geole affreufe où l'on me conduifit; mais après avoir fubi plu-

fieurs interrogatoires, je m'apperçus que l'on donnoit une fort mau-
vaife tournure à mon affaire. Le
fombre cachot où l'on me confina,
me fit craindre qu'un fort funefte
ne terminât mon procès. Je me
reffouvins d'un Seigneur Anglois
que j'avois beaucoup connu à Paris,
dans l'efpérance qu'il ne m'avoit
point oublié. Je cherchai l'occafion de le faire inftruire de mon
malheur; mais le geolier barbare,
aux foins duquel j'étois confié,
me paroiffoit bien difficile à intéreffer; cependant lui feul pouvoit
m'être utile dans cette affaire : une
fomme de cinquante louis que je
lui propofai s'il vouloit remettre
une lettre au Lord Niork, fléchit
fa férocité plus que je n'aurois ofé
l'efpérer. Par le moyen de cet
homme, je fis favoir ma déten-
tion au Lord, qui touché de mes
malheurs, employa fon crédit à
me faire rendre juftice fi ma caufe

étoit bonne , ou à folliciter ma grace fi j'étois coupable; mais après que mon affaire eût été examinée, on reconnu la vérité des faits que j'avois avancés , & l'on me rendit la liberté. Depuis deux mois que j'étois en Angleterre, le malheur y avoit été inféparable de mon féjour ; . mais le généreux Niork me dédommagea bien de ces triftes quart-d'heures : il me donna la plus aimable fociété qu'il fut poffible de former.

Cette favante Nation ne laiffe rien à défirer de nos plaifirs francois; mais leur caractere étant moins frivole que le nôtre, leurs amu-femens font moins tumultueux dans ce pays ; cependant comme dans le mien, il fe trouve de ces fades élégants, qui par une brillante ignorance, difputent fouvent des mots qu'il n'entendent point : mais ils font moins communs, & le général eft favant. Ils font phi-

lofophes, mais fans cette importance barbare, qui dégrade cette
belle qualité de l'être penfant. Je
lui doit le peu de fcience que
j'ai acquis, & ce fut fur les bords
de la Tamife, où ne fréquentant
que des cercles favans, je me livrai moi-même à l'étude. La phi-
fique fut la partie qui m'occupa
le plus ; les refforts de cette fcience
me parurent fi étendus , que je
m'appliquai à en bien connoître
les effets, car quoiqu'ils ne foient
point au-deffus de la portée d'un
être fini ; étant finis eux-mêmes, ils
demandent une application vraiment férieufe pour les bien dé-
montrer.

Il y avoit déjà près d'un an que
j'étois à Londres, mes affaires me
rappelloient en France & je m'oc-
cupois de mon retour, lorfqu'un
jour me promenant fur les bords
de la Tamife, pénétré des regrets
de quitter un fi beau pays, mes

yeux furent fixés par une perfonne d'une figure intéreffante qui fe promenoit peu éloignée de moi. Je la fuivois depuis quelques inftans, lorfqu'une femme-de-chambre vint lui remettre un billet, & lui dit en lui donnant : Mademoifelle, retirer-vous bien vîte, Monfieur votre pere vous a déjà demandée plufieurs fois. Je ne fais quelle mouvement de curiofité me pouffa pour favoir fa demeure ; l'ayant vu entrer dans une maifon voifine, je réfolus de venir le lendemain au même endroit. Il y avoit environ un quart - d'heure que j'y étois, lorfqu'elle s'y rendit : un air trifte & aimable m'intéreffa pour elle, en voulant m'inftruire de ce qui la conduifoit tous les jours à cette promenade, je lui parla. Ses réponfes réfervées, jointes à fon air décent, réuffirent fort bien à me tromper. Il y avoit huit jours que je la voyois, lorfque

paroiffant

paroiſſant plus affligée qu'à l'ordinaire, elle me fit une confidence
dont je fus bien la dupe. Vous
êtes ſurpris peut - être, Monſieur,
de me voir tous les jours me pro-
mener ici ; je cherche les moyens
de repaſſer en France auprès d'une
de mes tantes qui m'a élevée &
dont je ne ſuis ſéparée que de l'année derniere. J'ai déjà fait pluſieurs
tentatives qui toutes ont été inutiles, & mon déſeſpoir augmente
par la barbarie de mon pere qui
veut me marier ſons peu de jours
à un homme que je déteſte. Pour
mieux me convaincre de la vérité
de ſon récit, quelques larmes cou-
lerent à propos. Pour moi, dont
le cœur fût toujours ſenſible au
ſort des malheureux ; je la con-
ſolai en lui diſant, que comme
je retournois inceſſamment en
France, je lui faciliterois bien vo-
lontiers le moyen d'y paſſer auſſi.
Effectivement, quelques jours après

j'arrêtai avec elle l'inſtant du départ. Mais comme elle me fit comprendre qu'elle avoit tout à craindre en s'embarquant à Londres. Nous prîmes une route différente. Il y avoit déjà deux jours que nous voyagions en poſte pour gagner un port éloigné , lorſque deſcendant dans une auberge , je fus arrété & conduit en priſon.

Frappé d'un coup ſi cruel, je maudiſſois le jour où la penſée de voir l'Angleterre m'étoit venue dans l'eſprit. Je fus longtems privé de la liberté , ſans que l'on penſât à examiner mon affaire. J'implorai encore la protection du Lord Niork. Le prétendu pere de cette Demoiſelle, vouloit me pourſuivre à toute rigueur. Mais moyennant le Lord & quelques autres amis que j'avois à Londres, j'en fut quitte pour une ſomme d'argent. Je retournai dans la Capitale pour remercier mes généreux amis, réfolu de quitter fur le champ un pays où le fort m'étoit fi contraire. La veille de mon départ, en entrant dans une boutique, je rencontrai la femme-de-chambre que j'avois vue au bord de la Tamife, remettre un papier à Caroline.

Eh! bien, Monfieur, avouez, me dit-elle, que Mademoifelle vous a bien fait fa dupe; je parierois tout au monde que vous ne l'avez point reconnue. Je n'avois garde, puifque je ne l'avois jamais vue. Oh! pour cela, vous vous trompez, & fi je vous la nommois, vous vous fouviendriez bien de Mademoifelle Duprex. Eft-il poffible? Oui, elle-même, & ce pere dont elle fe plaignoit tant, eft un vieux avanturier qui vit des dupes qu'elle fait.

Je me ferois bien paffé de cet éclairciffement. J'étois honteux d'avoir donné dans ces piéges, & je me promis bien d'être plus prudent une autre fois. Je m'embarquai le lendemain, en bénissant mille fois l'heure où je quittois l'Angleterre que j'aurois trouvé un séjour charmant, si mes étourderies ne m'y eussent causé tant de malheurs. Je fis peu de société avec l'équipage ; un des passagers seulement fit toute ma compagnie : un air noble & sensé que je lui remarquai fit naître mon estime, & comme il venoit à Paris, je fus enchanté d'en faire mon ami. Le vent étoit favorable pour gagner les côtes françoises ; mais ayant changé tout-à-coup, il nous poussa vers Bristol; je crus que le seul malheur qui en résulteroit, seroit d'allonger notre voyage , car je ne présumois pas que je reverrois encore une prison Angloise.

Les révolutions du Royaume étant plus vives alors, qu'elles ne l'avoient été depuis longtems, il ne se passoit point de jour où la mer ne fût chargée de vaisseaux commis pour examiner tout ceux qui quittoient les ports. Nous en rencontrâmes un, il fallut nous soumettre aux perquisitions que l'on vouloit faire. J'étois alors dans la chambre de Mylord Willians, où je lisois avec lui un traité sur le gouvernement; les officiers étant entrés dans cet instant, se saisirent de nous, & nous ayant fait gagner le port, ils nous firent conduire à la prison de Bristol.

Je fus plus touché du sort de Mylord que du mien; cette affaire ne pouvoit se terminer défavantageusement pour moi qui étoit étranger & par conséquent neutre; mais plusieurs Seigneurs du même parti venoient d'éprouver des disgraces qui me firent craindre pour Willians. La fermeté de son âme ne lui permettoit point les mêmes inquiétudes qu'à moi. Il regardoit d'un œil tranquille le sort que lui promettoit la fidélité qu'il avoit pour celui qu'il regardoit comme fon maître légitime ; & il s'applaudiffoit de ce l'on trouvoit fa vie digne d'être le prix de cette grande action. Se fauver lui paroiffoit une baffeffe à laquelle il ne pouvoit confentir ; pour moi, qui ne penfoit point en Mylord, je lui repréfentois que l'amour de la vie gravée dans notre être par le droit divin, eft bien préférable à cette grandeur chimérique, qui achete fi cherement une place dans l'hiftoire. Il n'eft permis, lui dis-je, de regarder la mort avec indifférence, que quand on a tenté toutes les voies pour s'y fouftraire ; alors la force & la grandeur d'ame doivent faire méprifer une vie que l'on ne peut fauver. La philofophie voit fans abbatement la rigueur d'un deftin dont elle n'a pu corriger l'influence.

Ma voix s'uniffoit fans doute

dans le cœur de Mylord aux cris
de la nature, & plus attendri fur
fon fort qu'il ne l'étoit avant, il
me chargea du foin de lui fauver
les jours. Dès qu'il m'eût donné
fa parole qu'il en faifiroit la premiere occafion, je ne cherchai plus
qu'à la lui procurer. Le feul moyen
qu'il me parut poffible d'employer,
fut d'intéreffer le geolier ; mais
la barbarie de ces fortes de gens
ne peut céder qu'à l'éclat fédui-
fant de l'or ; & les officiers s'étant
emparés de tout ce qui nous appartenoit, m'avoient ôté cette reffource. Je penfai que dans ces con-
jonctures, les démarches que je ferois pourroient être hazardées ou
indifcretes fi je ne connoiffois avant,
le caractere de cet homme dont
l'odieux emploi fembloit me répondre de fon inhumanité : plus
j'étudiois fa façon de penfer, plus
je remarquois avec une fatisfaction
inexprimable, combien fon âme

étoit peu faite pour posséder cette horrible place. Flatté de cette découverte, je voulus savoir quelle infortune l'avoit forcé de prendre un état si contraire à la bonté de son cœur.

Il m'apprit qu'il étoit fils d'un riche marchand de Paris, nommé Maurice; que son pere remarquant en lui peu de goût pour le commerce, l'avoit placé chez un procureur, pour lui faire prendre ensuite parti dans les affaires. Peu de tems après, continua-t-il, mon pere ayant subi des pertes considérables; sa fortune suffisoit à peine pour acquitter les engagemens dont il étoit responsable. Je sortis dans ce même tems de chez mon procureur, & me trouvant sans ressources à Paris, je pris le parti de passer en Angleterre, auprès d'une de mes tantes que l'on disoit fort riche; mais toute sa fortune consistoit en un commerce fort médiocre, que son mari faisoit avec la France & la Hollande. Cette parenté ne pouvant m'être utile par elle-même, me fit obtenir cette place. La situation critique dans laquelle je me trouvois m'a forcé de l'accepter. Eh bien! lui dis-je, mon cher Maurice, au nom de la France votre patrie & la mienne, sauvez la vie à ce Mylord infortuné, si digne d'un sort plus heureux; comptez sur sa générosité & sur la mienne: que le malheur qui nous fit rencontrer tous trois dans ce séjour d'iniquité, devienne pour nous une époque heureuse. Le récit que vous venez de me faire, m'a fait naître un expédient dont l'exécution ne me parois pas difficile, il ne faut que de la fermeté & du courage; votre oncle ayant un bâtiment qui vogue souvent sur les côtes françoises, il pourra nous y conduire sans rien rifquer, en nous déguifant tous trois en matelots

Votre projet, me dit-il, à plus d'inconvéniens que vous n'en fuppofez. Mon oncle fait fa réfidence à Ger'é; comment pouvons-nous traverfer la mer pour aller le trouver? Cette raifon me déconcerta, & l'efpérance à laquelle mon cœur s'étoit ouvert, fut bientôt difparue. Cependant la propofition que j'avois fait à Maurice de le tirer de cet état, le flatoit trop pour que fon imagination ne lui préfenta pas quelqu'autre reffource. Il s'arrêta à un projet dont l'exécution lui paru facile : il s'arrangea avec des pêcheurs, & déguifés tous trois comme ces bonnes gens, nous abordâmes Gerfé.

Lorfque nous eûmes gagné cette Ifle, l'allégreffe fe répandit dans nos cœurs, quoiqu'encore au milieu de nos ennemis, il fembloit que nous n'euſſions plus rien à craindre de leur fureur. Par un ha-zard heureux émané ſans doute de la providence , nous trouvâmes l'oncle de Maurice prêt à mettre à la voile. Notre avanture fit trem-bler le bon homme , il craignoit que des paſſagers tels que nous ne lui miſſent la corde au col ; mais il eſt des circonſtances où les ré-flexions ſont hors de propos. : celle-ci ne demandoit que du courage ; nous le preſſâmes donc vivement de nous mettre à couvert des pour-ſuites que l'on alloit faire · & qui nous ôteroient la liberté de re-paſſer en France , ſi l'on ne pro-fitoit de cet inſtant.

Comme Gerſé n'eſt qu'à ſeize lieues de Cherbourg , nous réſo-lûmes d'y aller. Le Ciel nous ac-corda un vent ſi favorable que nous y abordâmes en fort peu de tems.

Je formerois un volume entier des fantômes que la frayeur perfonnifia pour abattre mon courage dans ce court trajet. Une vague plus élevée que les autres fembloit m'annoncer une flotte prochaine, qui armé des ordres foudroyans de Sa Majefté Britannique, fe faififfoit de nous, & j'étois rendu au port de Cherbourg que je les redoutois encore, tant la crainte a de pouvoir fur nous & lie fi fort les puiffances de notre être, que tout ce que nous voyons nous paroît l'écueil que nous redoutons. On ne poffede bien la force d'efprit & le vrai héroïfme, que lorfqu'à l'abri des coups du fort, on ne craint rien de fes caprices. Enfin ma raifon me fût rendue par la fûre perfuafion que je n'étois plus au pouvoir des Anglois. Nous paffâmes quinze jours dans cette petite ville, pour nous remettre des contre-tems fans nombre que nous avions éprouvés depuis notre départ de Briftol. Nous la quitâmes enfuite

pour nous rendre à Paris, mais la
la capital de la baffe Normandie
nous parut un féjour fi agréable,
que nous réfolûmes d'y paffer deux
mois, & ce terme fut court pour
les agrémens fans nombre que
nous y goutâmes. Cette ville eft
remplie de maifons montées fur
un ton confidérable & de la meilleure compagnie ; le feul défaut
que l'on y peut trouver, eft un
amour trop décidé pour le jeu.
Après ce petit féjour, nous quit-
tâmes Caen pour aller à Paris.
Lorfque nous y fûmes rendus, je
me féparai de mon tendre ami
Mylord de Willians, qui étoit
obligé de paffer en Italie ; l'efpérance de le revoir me fit fup-
porter fon abfence. Je voulus auffi
m'acquitter de ma promeffe à l'é-
gard de Maurice ; je lui donnai à
choifir d'une penfion honnête ou
de ne me point quitter. L'attachement fincere qu'il m'avoit voué,

lui fit accepter ce dernier parti,
& je le regardai toujours comme
le plus cher de mes amis.

Il y avoit déjà plufieurs mois
que je vivois à Paris, dans une
indifférence qui ne pouvoit me
plaire longtems ; je ne penfois cependant point à m'engager dans de
nouvelles intrigues, lorfque l'occafion s'en préfenta. Un foir que
je venois de fouper dans le Faux-
bourg Saint-Germain, en traver-
fant la rue du Bacq, je vis paffer
une perfonne qui, à la lumiere
que portoit mon domeftique, me
parue jeune & jolie. Je ne fus point
furpris de voir dans les rues de
Paris, une Demoifelle à cette
heure ; cependant fon air timide
& fa marche peu affurée me donnerent affez de curiofité pour lui
parler ; cette fille ignorant fi j'é-
tois pour elle un libérateur, n'o-
foit m'apprendre qui elle étoit ;
mais enfin accablé de fatigue &

ne sachant où se retirer, elle me dit: j'ignore si le Ciel m'envoye en vous un homme assez généreux pour me secourir noblement, ou si mon sort cruel me fait encore rencontrer un lâche persécuteur de la vertu; si votre cœur est susceptible des sentimens de pitié qu'on doit aux malheureux, j'accepte le bien que vous voudrez me faire, si au contraire vous ne vous sentez pas assez de grandeur d'âme pour agir avec la générosité que ma situation exige , plongé moi plutôt un poignard dans le sein , & laissez moi mourir ici , vous serez moins criminel.

Touché du désespoir dont cette fille paroissoit pénétrée, je l'assurai que le seul intérêt que je prenois à obliger les malheureux, étoit le plaisir délicat d'adoucir les rigueurs de leur sort. Je vous offre un azile, lui dis-je, que vous pouvez accepter sans rien craindre.

Je ne réfléchis pas qu'une avanture à-peu-près pareille m'étoit arrivé à Londres, dont les suites avoient été assez désagréables. Je la conduisis donc chez moi, & lui ayant fait donner une chambre, je lui laissai prendre le repos dont elle avoit besoin.

Je fis part à Maurice de la recrue que je venois de faire; il fut aussi impatient que moi de savoir quel malheur avoit réduit cette fille dans un état si triste, elle parut le lendemain de bonne heure, & je la priai de m'instruire de ses infortunes.

Je suis, dit-elle, de la Guadeloupe; mon pere servoit, & passa avec son régiment dans cette Isle. Au bout de quelques années, il épousa ma mere qui étoit fort riche; il eut de son mariage deux filles dont je suis l'aînée; je fus élevée comme une personne qui devoit avoir un bien considérable

mais mon pere qui pour l'augmenter négotioit encore, effuya
des revers fi terribles, qu'il ne nous
refta prefque rien. Accoutumée à
l'opulence , ce changement me
parut bien dur, d'une maifon où
l'on recevoit grand monde, où
mes talens étoient toujours applaudis ; il fallut fe réfoudre à
vivre ignorée & privée de tous
plaifirs. Dans le tems que ma fortune paroiffoit bien affermie, un
Gentilhomme m'avoit demandée
à mon pere en mariage : mais lorfque les fondemens en furent écrou-
lés, notre ruine lui fit peur & il
fe retira. J'étois encore plus fenfible à fon indifférence que je ne
l'avois été à mon changement de
fortune, & je ne l'a regrettois que
parce qu'elle me privoit de fon
cœur ; je lui étois fi follement at-
tachée, que j'eus la foibleffe de
lui écrire pour lui faire les reproches que mon amour me fuggéroit ;

E

il sçut profiter de ma tendresse
& de ma sincérité pour me tromper. Il m'écrivit de ne point attribuer à l'indifférence, la retraite
que mon pere seul avoit occasionnée. L'ingrat! mais plus encore
mon amour me fit donner dans
tous les panneaux. Il me proposa
de me rendre chez une femme
qui pour de l'argent favorisoit ces
fortes d'entrevue. J'y consentis; je
supposois au Chevalier de Muscy
une façon de penser que je désirois trouver. Il n'eut pas de peine
à me convaincre que ma mauvaise
fortune ne changeoit rien aux sentimens qu'il m'avoit voués. Il me
fit comprendre par des raisons qui
me parurent plausibles; qu'un en-
levement étoit le moyen d'assurer
son bonheur & le mien, & il me
jura qu'un engagement sacré fixe-
roit ensuite ma tranquillité. Ju-
geant du cœur du Chevalier par
le mien, toutes ses vues me pa-

rurent légitimes. Cependant une
conduite si peu réfléchie, devoit
allarmer une âme vertueuse; mais
mon amour ne trouva rien de suf-
pect, je ne voyois dans M. de
Mufcy, que des qualités qui ap-
planiffoient toutes les difficultés.
Je remis donc entre fes mains,
les rênes de ma deftinée. Je confentis à le fuivre en France, &
nous fixâmes notre féjour à Breft
où nous débarquàmes. Je lui par-
lois fouvent de la promeffe qu'il
m'avoit faite de changer ce lien
clandeftin en un lien légitime ;
mais il favoit éluder & remettre
à des tems plus éloignés, ce que
la probité, s'il en eut eu, devoit
exiger de lui.

Quelques mois après, une in-
nocente créature vint joindre ces
cris aux miens, mais fon âme barbare, que jufque-là il avoit fçut
mafquer, fe rit alors de mes plaintes
& de celles de fa fille. Outrée de

fa durté, je laiſſai paſſer un tems conſidérable ſans oſer lui parler de rien ; mais ayant affecté enſuite une conduite plus tendre, il me propoſa de venir à Paris, & me donna encore quelques eſpérances. Trop accoutumée à céder à ſes volontés, il n'eut pas de peine à me déterminer.

Lorſque nous fûmes arrivés dans cette vaſte Capitale, il ſe faufila dans une ſociété de gens riches, car toute ſa fortune conſiſtoit dans le gain qu'il feſoit au jeu. Il m'avoit amené quelque fois pluſieurs de ſes amis, entr'autres un vieux fermier général venoit ſouvent chez moi. Son âge joint à un propos décent, me le firent recevoir ſans aucun ſoupçon. Il y avoit environ trois mois que j'étois à Paris, lorſque le perfide Chevalier diſparut ; il étoit ſorti ce jour là plus matin qu'à l'ordinaire, l'ayant attendue toute la journée, mais inutilement,

un secret pressentiment m'apprit
enfin que son inconstance avoit
franchis tous les obstacles. J'étois
dans la situation la plus triste,
n'ayant point de ressource, la fa-
mine pour moi étoit dans Paris.
Il y avoit trois jours que j'étois
en proie à mon désespoir, lorsque
le fermier général arriva. Surpris
de me trouver dans ce désordre,
ou feignant de l'être, il me pria
d'accepter une somme d'argent
avec des graces & une générosité
qui adoucit la rigueur de recevoir.
Cet homme me parut un ange que
le Ciel m'envoyoit, & je fus pénétrée de la plus vive reconnoissance.
Ces visites devinrent plus fré-
quentes, mais rien en lui ne m'é-
toit encore suspect. J'attribuai les
bontés qu'il avoit pour moi à la
sensibilité de son âme qu'un sort
triste avoit touchée. Je me trompois, & j'avois pour lui une façon
de penser dont il étoit bien peu

digne; quelques jours après il me déclara fes fentimens qui me donnerent autant d'horreur pour lui que j'avois eu de reconnoiffance. Outrée de fon audace, je l'accablai de tout mon mépris.

Il eft fi peu de belles âmes aujourd'hui, qu'une infortunée pour l'ordinaire ne trouve des reffources qu'aux dépens de fa vertu. Hélas! me difois-je à moi-même, qu'un fort malheureux eft un cruel écueil! Si la fortune m'eût été favorable le Chevalier du Mufcy feroit mon époux, & mon amour ne feroit point humilié Faut-il encore que l'on comble mon malheur par cet offre outrageant? Quoi! je ne puis prétendre à un état plus doux, que par une conduite criminelle? Dieu! je n'ai d'autre efpoir que celui de terminer mes jours ou de les prolonger par des actions odieufes? Ce qui m'accabloit encore, c'étoit l'enfant qui me de-

voit le jour : je ne prévoyois pour
elle que des malheurs fans nombre
qu'il me fembloit voir fufpendus
fur fa tête & qui me faifoient
frémir.

Mais cette main divine qui fou-
tient les malheureux au plus fort
de leurs difgraces, fit renaître tout-
à-coup le calme dans mon âme.

Je peins affez bien, & je penfai
que ce talent pourroit me faire
vivre avec ma fille. Je priai mon
hoteffe de me procurer de l'ouvrage, & dès le lendemain, on
m'en confia. Auffi-tôt qu'il fut fini
je fus pour le porter à la Dame
à qui il appartenoit : elle demeu-
roit dans un quartier fort éloigné
du mien. En fortant de chez elle,
la nuit me furprit. Un fiacre que
je crus rencontrer par hazard, m'offrit de me conduire. Lorfqu'il
m'eût arrêté pour me faire def-
cendre, j'eus beau lui dire que ce
n'étoit pas là ma demeure, deux

laquais m'entraînerent, malgré ma résistance , dans la maison vis-à-vis , de laquelle on m'avoit arrêtée. Lorsque la porte fût fermée, la premiere personne qui s'offrit à mes yeux fut le fermier général qui me dit, d'un ton railleur, hé! Mademoiselle , vous n'êtes point à plaindre de trouver des gens qui malgré vous, vous veulent du bien. La seule grace, lui dis-je , que je vous demande , est de me rendre la liberté. En vérité , me dit-il en retournant la tête , je ne vous conçois pas , mes richesses cependant doivent vous répondre que je puis vous rendre plus heureuse que votre avanturier de Chevalier. Tout cela est inutile , lui répliquai-je, les palais les plus brillans ne me rendrons pas plus tendre. Mais le barbare financier sans me répondre , fit servir à souper , puis il me força , malgré moi , de me mettre à table. Comme je vis qu'il

étoit

étoit fort occupé de la délica-
teſſe des mets & de la bonté
des vins, j'eſpérai que lorſque
le ſouper ſeroit fini, il ne ſeroit plus en état de m'empêcher
de ſortir. Je ne me trompai pas,
en peu de tems il perdit l'uſage
de la raiſon ; mais les gens qui
gardoient ſa porte furent inflexi-
bles ; je perdis toute eſpérance.
Ayant cependant remarqué que la
chambre dans laquelle j'étois donnoit ſur la rue, & qu'elle étoit peu
élevée, je réſolus de deſcendre par
par la fenêtre ; la frayeur me donna
tant d'adreſſe, que je ne me bleſſai
point. Je ne connoiſſois point du
tout le quartier dans lequel je me
trouvois & j'errois depuis longtems, lorſque je vous rencontrai.

Après qu'elle m'eût fait les re-
mercimens les plus reconnoiſſans,
elle ajouta, je ſuis fort embaraſſé
pour retourner chez moi, je crains
que cet homme inhumain ne me

G

tendre de nouveaux pieges. Hé !
bien, lui dis-je, reftez ici, je compte
dans peu partir pour Lyon , je vous
y conduirai. Mais ma chere Eléonore , me dit - elle , que j'ai con-
fiée aux foins de mon hoteffe ;
comment pourrai-je la faire venir ?
Je n'y vois rien de difficile , lui
répondis-je ; Maurice va vous ac-
compagner en carroffe chez vous ;
fuppofez à cette femme , que des
affaires vous appellent en province,
que la précipitation avec laquelle
vous êtes obligé de partir , vous
empêche d'en dire d'avantage ; &
vous vivrez enfuite ici ignorée ,
jufqu'à notre départ.

Lorfque Mademoifelle de Caffimir fut de retour avec fa fille , la
trifteffe qui ne l'avoit point quittée
commença à difparoître ; un air
enjoué & charmant lui fuccéda.
Je fus encore obligé de paffer un
mois à Paris ; j'employai tout ce
tems à lui plaire autant qu'elle

m'avoit plu; la vivacité de ma
paſſion égala bientôt celle que j'a-
vois eu pour l'aimable Sophie.
Cependant les obligations qu'elle
m'avoit, exigeoient de moi un ſi-
lence auquel mon amour avoit
peine à ſe ſoumettre; mais j'eſpérois tout du tems & de ſa reconnoiſſance. Nous devions nous
rendre inceſſamment à Lyon, lorſqu'un jour étant entré dans un
caffé de la rue Saint-Honoré, j'y
trouvai un vieux militaire, qui
ayant lié la converſation avec moi;
m'apprit qu'il revenoit de la Guadeloupe. Je lui demandai, avec
une précipitation dont je ne fus
pas le maître, s'il y avoir connu
Monſieur de Caſſimir. Surpris de
la vivacité avec laquelle je m'é-
nonçois, il me dît que c'étoit lui-
même, & me demanda par quel
hazard heureux je m'intéreſſois à
un homme qui ne me connoiſ-
ſoit pas. J'ai bien des choſes à vous

apprendre, lui dis-je, mais je ne puis vous inftruire ici des raifons plus que fuffifantes qui m'obligent à différer. Donnez-moi votre adreffe, & préparez votre cœur à des impreffions bien vives . je vous verrez demain. Je me reprochois la cruauté de laiffer Monfieur de Caffimir dans une incertitude toujours terrible ; mais je voulois prévenir fa fille fur ce coup d'attendriffement, capable de faire dans fon âme une fenfation plus aifée à comprendre qu'à exprimer.

De retour chez moi, je voulus fonder fes fentimens ; je lui appris que j'avois rencontré un Monfieur de la Guadeloupe , que voulant m'informer des nouvelles de fa famille , je lui avois demandé un quart-d'heure d'entretien pour le lendemain. Ah ! me dit-elle, je payerois de tout mon fang dès nouvelles fi cheres. Si mon pere favoit quel repentir fuit mon égaremeht , il me pardonneroit fans doute ; car le Ciel en me puniffant femble l'avoir effacé. Si le Chevalier de Mufcy ne m'eût point abandonnée, je n'aurois pas eu la force de m'en féparer ; j'aurois cru voir cet enfant me reprocher l'opprobre de fa naiffance, fi j'avois négligé le moyen de le réparer ; mais le Ciel m'a fait voir qu'il n'eft pas de préjugés affez forts pour obliger une âme vertueufe à perfevérer dans le crime. Je détefte le mien, & puiffe un jour heureux me le voir pleurer aux pieds de ce pere tendre que ma conduite a outragé.

J'étois fi attendris moi - même des larmes qu'elle répandoit, que je fus obliger de la quitter. J'attendois le lendemain avec une impatience dont un cœur fenfible peu feul connoître le dégré.

Avant huit heures. je me rendis chez Monfieur de Caffimir. Depuis l'inftant, me dit-il, que je vous ai quitté, le repos est banni de chez moi, la crainte & l'espoir tour-à-tour agitent mon âme; je suis en proie aux combats les plus grands. Au nom de la pitié, de ce tendre sentiment qu'on doit à ses semblables, daignez me retirer de l'état cruel dans lequel je suis plongé.

La peine de vous rappeller de tristes circonstances m'a fait différer de vous instruire. Vous avez pleuré, & vous pleurez encore une fille qui vous étois chere: que votre tendresse, que son repentir effacent dans votre cœur le courroux que ses égaremens firent naître. Il étoit absorbé dans une léthargie qui retenoit ses sentimens dans le plus profond de son âme. Sortant tout-à-coup de cet assoupissement: elle est sans doute à Paris, me dit-il; & vous la connoissez? que tardons-nous à la voir? J'ai peut-être plus d'envie de lui accorder ſon pardon, qu'elle n'en a de l'obtenir. Je ſuis ici depuis ſix mois pour chercher ce cher objet, &c ſans vous, libérateur généreux d'un cœur vraiment touché, ſans vous mes ſoins euſſent été inutiles.

Je vis que le repos de ſa fille n'avoit rien à redouter de ce pere tendre ; je lui racontai le malheur qui m'avoit procuré l'occaſion de la connoître. M. de Caſſimir me conjura de lui faire voir ſa fille. Mais je lui fis comprendre qu'il falloit avant, qu'elle fut prévenue, parce que cette ſurpriſe, toute agréable qu'elle étoit, ſeroit bien balancée par les reproches terribles que lui feroient ſes égaremens. La tendreſſe de ce digne pere pour ſa fille, le fit conſentir à remettre au lendemain le plaiſir de la revoir.

Lorſque je fus rendu chez moi, je préparai le cœur de Mademoiſelle de Caſſimir à des combats toujours bien durs à ſoutenir ; le premier sentiment auquel elle se livra fut la joie de retrouver un pere qu'elle chérissoit tendrement ; mais cette joie fut bientôt balancée par le regret d'avoir répandu l'amertume sur des jours si chers ; Cruelle situation pour une âme bien née ! qu'elle est difficile à soutenir !

Après avoir annoncé à Mademoiselle de Cassimir ce qui convenoit le mieux, je lui appris les dispositions tendres dans lesquelles étoit son pere, & je la préparai à sa visite pour le lendemain. Un torrent de larmes de joie mélées à celles du repentir, l'empêcherent de me répondre. Elle se retira dans son appartement accablée de la bonté de son pere, qui par ce tendre procédé lui reprochoit bien plus ses égaremens, que par une conduite févere, qui loin de nous faire rentrer en nous-mêmes, peut nous porter aux plus grands excès.

Lorsque je fus seul, je fis appeller mon cher Maurice pour lui faire part des événemens qui étoient arrivés à Mademoiselle de Cassimir. Il étoit plus sensé que moi, & bien propre à me faire remarquer jusqu'aux moindres moyens dont le Ciel se sert pour rendre un cœur à la vertu. Il étoit aussi impatient que moi de voir arriver le moment heureux où M. de Cassimir rendroit à sa fille sa tendresse paternelle. Si je n'avois pas été pénétré de la beauté des sentimens que j'avois vu éclater dans le pere & la fille, je ne me serois pas réjoui d'un incident qui rompoit toutes mes mesures ; car enfin mon intention n'étoit pas de m'en tenir pour cette Demoiselle à une simple passion d'estime ; je croyois qu'il falloit à ma félicité quelque chose de plus : j'étois étourdi, mais je n'étois pas barbare . & je sacrifiai avec joie les intérêts de mon

cœur au bonheur pur qu'alloit goûter cette personne intéressante.

Enfin ce jour heureux, ce moment fortuné arriva : M. de Cassimir étant entré chez moi, j'employai une demi-heure à l'accou-
mer à la charmante idée de retrouver sa fille. J'envoyai Maurice
pour la prévenir sur ce qui alloit se
passer. Je lui avois dit de faire
retirer la petite Eléonore, crai-
gnant que cette vue ne rappellant
au pere la conduite de sa fille,
n'élevat dans son âme des sentimens contraires aux bonnes dispositions dans lesquelles il étoit ; mais
elle n'y voulut point consentir.

Je suis coupable, dit-elle, mon
pere le sait ; il faut que ma vue
lui offre toute l'horreur de mon
crime..... Ce sera d'après les dispositions que les circonstances fe-
ront naître, que je me soumettrai
à tout ce qu'il exigera de moi : je
ne trouverai rien de trop pénible

pourvu qu'il daigne m'accorder sa pitié. L'inſtant heureux, où, par une émotion encore plus vive, ſon trouble alloit diſparoître, arriva ; j'introduiſis M. de Caſſimir dans ſon appartement. Alors ſa fille tombant à ſes pieds, le conjura par ſes larmes d'oublier toutes ſes fautes. Le pere attendri ne put retenir les ſiennes ; il alloit tomber dans la même poſture, s'il n'eut été retenu par Maurice & par moi, tant il étoit hors de lui-même. A cette ſcène touchante vint ſe mêler la pauvre Eléonore, qui, voyant ſa mere à genoux & baignée dans ſes larmes, ſupplioit, en joignant ſes petites mains & pleurant bien fort, qu'on lui fit grâce. Entraînée par la force du ſang, elle baiſoit tendrement la main que M. de Caſſimir lui avoit tendue.

Nous étions, Maurice & moi, auſſi attendri que les acteurs de

cette scène, que nos sanglots rendoit encore plus intéressante. La
premiere parole que M. de Cassimir dit à sa fille fut pour la faire
relever ; mais elle ne vouloit point
quitter cette posture suppliante ;
il lui tendit la main & l'en tira
lui même. Oh ! ma fille, lui dit-
il, je te revois & tu est baignée
dans tes larmes ! j'oublie tout ce
qui s'est passé pour ne me souvenir
que de ma tendresse pour toi.
Seche tes pleurs & livre-toi à la
joie de retrouver ton pere. Puis
regardant Eléonore, il dit : l'é-
motion de cet enfant m'apprend
qu'elle est à moi, & la serrant
dans ses bras : tu es ma fille, &
je serai ton pere..... Ce cher objet attendriroit l'âme la plus dure...
la sensibilité qui sembloit avoir
brisé son cœur, l'empêcha d'en dire
davantage. Mais cédant à toute sa
tendresse, il lui jura qu'un seul
sentiment possédoit toute son âme :

c'étoit le plaisir de la revoir. On
ne s'occupa plus que d'une joie si
pure. Nous passames la journée
ensemble ; mais le soir, nous étant
séparés, ce fut alors que je sentis
combien Mademoiselle de Cassimir m'étoit chere.

J'errois dans ma maison, &
mon cœur ne pouvoit suffire à
toutes les scènes, qui, tour-à-
tour, l'agitoient ; j'enviois à son
pere le bonheur de la voir ; je me
reprochois l'instant où je lui avois
donné le moyen de me l'enlever.
J'allois dans l'appartement qu'elle
avoit occupé, & là, livré à moi-
même, un ennui, un désespoir
secret sembloit inséparable de mon
être. Je fis appeller mon cher
Maurice, qui seul, par ses sages
conseils, étoit capable de me tran-
quiliser ; ce tendre ami sentoit &
partageoit toutes mes peines ; il
adoucissoit mon mal en l'exagé-
rant encore. Tel est le cœur hu-

main : sa folie est si grande, que pour nous ramener à la raison, il faut non-seulement écouter le récit de nos malheurs, il faut encore les sentir, les partager, pour nous bien faire connoître quelle sensation ils font dans l'âme ; alors notre confiance est entiere pour un caractere qui saisit si bien le nôtre : un esprit sensé ne manque jamais par là les moyens d'y remédier. Tel étoit Maurice : il plaignoit, il saisissoit tous les contrastes de l'âme, puis il me faisoit insensiblement reconnoître l'erreur où j'étois. Après avoir écouté sans témoigner d'horreur les reproches que je me faisois d'avoir été utile à cette famille malheureuse & respectable, il convint avec moi que je m'étois joué ce mauvais tour. Frappé de le voir tomber dans mon sentiment, il m'obligea de me rétracter de l'inhumanité qui sembloit me faire agir. Sai-

fiffant alors cet inftant comme
favorable pour me rendre à moi-
même, il me rappella tout ce qui
s'étoit paffé dans la chambre où
nous étions ; c'eft-là , difoit-il ,
que j'ai vu ce pere attendri tendre
à fa fille criminelle une main généreufe. Ah ! quel bonheur pour
un mortel d'avoir fait trois heureux ! fentez - vous , Monfieur ,
combien cette fituation eft flat-
teufe pour une âme fenfible ! combien elle eft au-deffus d'un bonheur paffager & frivole que nous
promet une paffion dont le fou-
venir caufe toujours un remord ,
ou du-moins laiffe un vuide affreux. Péfez ces deux états , &
vous trouverez dans le premier
une fatisfaction, une joie pure,
toujours inféparable de la vertu ,
fur-tout de celle qui fait des heureux ; alors vous éteindrez fans
peine une paffion qui balance le
bonheur dont votre âme veut

jouir. Tout ce que me difoit Maurice me défilloit les yeux, mais fes dernieres paroles déchirerent le voile qui me cachoit cette vérité fi utile au bonheur général. Ah ! mon cher Maurice, c'eft dans tes mains que je remets les puiffances de mon âme ; c'eft à toi d'en chaffer le vice, & d'y faire naître la vertu. Non, me dit-il, ce doit être votre ouvrage. L'Être Suprême qui vous créa, vous créa libre, & maître de vos penchans ; vous feul, par un généreux effort, pouvez dompter vos paffions, parce que votre cœur ne fera jamais que ce que votre efprit lui ordonnera d'être. A l'amour déplacé que vous avez pour Mademoifelle de Caffimir, vous pouvez, fi vous le voulez, fubftituer un intérêt généreux que fon fort reclame. Vous lui avez rendu un pere, mais vous n'avez pas encore tout fait. En vous rappellant

lant le récit de ses avantures ,
vous devez vous souvenir combien
la fortune lui fut contraire : vous
êtes-vous informé si elle lui est
actuellement plus favorable ? Vous
avez trop fait pour cette famille
intéressante pour la laisser désor-
mais en proie à l'indigence ; mais
agissez sans aucun intérêt ; que
votre seul motif soit le plaisir délicat de faire le bien. Je vous
laisse réfléchir sur les avis que mon
sincere attachement vous donne.
Et il me quitta.

Lorsque je fus seul, je pésai
tout ce qu'il m'avoit dit , & ré-
fléchissant sur la justesse de son
raisonnement, la grandeur d'âme
qui y régnoit, je ne balançai pas
à suivre ses conseils. Je fus dès le
lendemain voir M. de Cassimir ;
je trouvai sa fille qui commençoit
un ouvrage de peinture ; je m'apperçus que sa situation n'étoit pas
plus heureuse que Maurice se

l'étoit imaginé. Après l'avoir loué sur les fleurs qui naiſſoient sous l'adreſſe de ſes doigts, je lui demandai ſi la fortune lui paroiſſoit plus favorable que lorſqu'elle avoit quitté l'Iſle. Non, me dit-elle, elle ne me laiſſe d'autre reſſource que le travail.

Comme depuis mon entretien avec Maurice, mon cœur s'étoit bien promis de ne plus s'ouvrir qu'aux ſentimens de pitié, je la priai d'accepter une petite ſomme d'argent que j'avois ſur moi. La vraie grandeur d'âme ne conſiſtant pas à refuſer les choſes néceſſaires à la vie, elle la reçut avec une nobleſſe que l'indigence ne peut ôter, car il y a autant de grandeur à bien recevoir, qu'il y en a à bien donner.

De retour chez moi, je fis part à Maurice de ma converſation & de l'impreſſion que le ſort de Mademoiſelle de Caſſimir avoit

fait fur mon cœur. Il faut, me
dit-il, ne point laiffer ignorer à
M. de Caſſimir que vous ſavez ſes
malheurs, & que la ſeule preuve
de reconnoiſſance qu'il puiſſe vous
donner, c'eſt d'accepter tous les
ans une ſomme d'argent qui le
mette en état de ne plus redouter
l'indigence. Mais n'y auroit-il pas
plus de généroſité, lui répondis-je,
à lui faire paſſer ce bienfait ſans
qu'il connut l'auteur ? Non, me
dit-il, cette généroſité romaneſ-
que eſt tout-à-fait hors de propos :
s'il ne s'agiſſoit que d'un ſecours
momentané, je ne la blâmerois
pas, mais comme c'eſt un ſort
qu'il faut aſſurer, il me paroîtroit
cruel qu'un tel bienfait fût ano-
nime ; car la ſomme que vous
feriez paſſer cette année, répon-
droit-elle d'une pareille pour la
ſuivante ? Non ſans doute : ce ſeroit une chimere de ſe livrer à
une eſpérance ſi frivole, quand

même vous prendriez quelque pré-
caution pour assurer M. de Cassimir de ce secours, elle seroit
toujours vague, & ne pourroit le
rassurer contre la frayeur que
cause une misere prochaine. Je
résolus de suivre les conseils que
le sage Maurice me donnoit ; je
vis en conséquence M. de Cassimir, qui, depuis que ses malheurs
m'étoient connus, me paroissoit
encore plus digne de mon amitié.

Je pris beaucoup sur moi pour
lui parler de sa situation ; mais son
bonheur dépendoit des efforts que
j'étois obligé de me faire. Il ne
me cacha pas qu'après le départ
de sa fille, une maladie très-
longue, occasionnée par le chagrin, avoit encore détruit le peu
de fortune qui lui restoit. Que
quelque tems après, la mort lui
ayant enlevé sa femme & sa se-
corde fille, il résolut de quitter
un pays où tous les malheurs l'ac-

cabloient, pour repasser en France.
Qu'après avoir vendu le peu qui
lui restoit, il eût à peine de quoi
faire le voyage ; que depuis qu'il
étoit à Paris il avoit fait toutes
les demarches nécessaires pour retrouver sa fille ; qu'il désespéroit
de la jamais revoir lorsqu'il me
rencontra. Je sais, ajouta-t-il,
tout ce que je vous dois : non-
seulement vous m'avez rendu une
fille tant pleurée ; mais vous avez
encore adouci la rigueur de son
sort & du mien. Je n'ai rien fait
pour vous, lui dis-je, la seule
grâce que je vous demande, c'est
de me permettre de triompher du
destin qui vous persécute. Je suis
riche, & je sens pour la premiere
fois qu'on est heureux de l'être,
puisque ce bonheur imaginaire devient un bien réel, en nous offrant
la douce satisfaction d'être utile à
nos semblables. J'espere que vous
m'estimerez assez pour partager ma
fortune.

M. de Caſſimir , tiré du labi-
rinthe affreux que lui préſentoit
ſon indigence , pouvoit à peine ſe
perſuader la réalité de mes offres.
Je lui demandai s'il étoit réſolu
de ſe fixer à Paris , ou s'il préfé-
reroit la Province. Non - ſeulement , me dit-il , le tumulte de
cette Ville me déplaît , mais ma
fille , qui eſt toujours occupée de
ſes malheurs , choiſira la ſolitude.

Je profitai de cette occaſion
pour lui propoſer de ſe retirer
auprès de Lyon , où je lui pro-
curerois les moyens de paſſer une
vie douce & commode. Lorſqu'il
eut accepté ma propoſition, comme
depuis longtems mes affaires m'ap-
pelloient en ce pays , je ne ſongeai
plus qu'à nous mettre en état de
faire le voyage ; nous l'entreprîmes
le mois d'après ; Mademoiſelle de
Caſſimir ne voulut pas ſe ſéparer
de ſa chere Eléonore ; en conſéquence il fut réſolu qu'elle paſſe-

roit pour veuve dans le pays qu'elle
alloit habiter, & nous la nommâ-
mes Madame de Blamefnil.

La belle faifon dans laquelle
nous voyagions, nous promettoit
tous les agrémens d'une route
amufante; mais les chaleurs étoient
fi exceffives, que nous étions obligés de marcher la nuit. Nous
étions près d'Auxerre, lorfque mes
oreilles furent frappées de cris
perçans que pouffoient deux femmes fur le bord du chemin. Plus
notre voiture approchoit, plus
leurs plaintes redoubloient; nous
vîmes auffi, à la faveur d'un très-
beau crépufcule, deux hommes
qui fe battoient à l'arme blanche.

Le fecours que nous demandoient ces femmes ne nous permit
pas de délibérer ; nous defcendimes de la voiture, fans écouter
Madame de Blamefnil qui s'y
oppofoit. Je l'avouerai à mon dé-
favantage : plus accoutumé à la

galanterie qu'aux actions de courage, je volai au secours des deux
Dames, qui m'offroit l'aspect in-
téressant de deux infortunées. M.
de Cassimir au contraire, possé-
dant vraiment un courage militaire, fut se présenter aux deux fu-
rieux qui se battoient ; s'étant mis
en défense contre les coups qu'on
pouvoit lui porter, il voulut savoir le sujet de ce combat tragique. Ayant remarqué un peu plus
loin un cadavre étendu, il ne
douta plus que ces hommes ne
fussent les ravisseurs des personnes
dont les plaintes avoient premie-
rement attiré notre compassion.
Les deux combattans étoient toujours si acharnés à se battre, qu'à
peine avoient-ils vu M. de Cassimir, lorsqu'un coup mortel en fit
tomber un sans sentiment, &
l'autre ayant été blessé dangereu-
sement, tomba aussi ; mais il lui
resta assez de force pour dire à
M.

M. de Caſſimir ; de ces deux Dames que vous voyez, l'une eſt Françaiſe & l'autre eſt Eſpagnole. J'aimoiséperduement l'Eſpagnole ; je m'y croyois autoriſé par le conſentement que ſon pere donnoit à mes feux. Mais ayant ſu qu'elle paſſoit en France avec mon rival, je me déterminai à les ſuivre. Il y a plus de deux heures que je les ai atteins. J'ai d'abord été vainqueur de ce rival que je déteſtois tant ; le ſecond ayant voulu venger la mort de ſon frere a ſubi le ſort que je vais ſubir moi-même. Il dit encore quelques mots qu'on entendit avec peine, & il expira.

Maurice qui avoit ſuivi M. de Caſſimir, m'apprit ce que le moribond avoit dit. Les deux Dames étoient ſi effrayées, que lorſque le ſecours leur étoit arrivé, elles s'étoient évanouies, & ne m'avoient rien appris de cette avanture. M. de Caſſimir étant venu nous rejoindre ; me répéta ce que Maurice avoit déja dit.

Nous donnâmes tous nos soins à faire revenir les deux Dames que nous fûmes obligés de mettre dans notre voiture, avant que la connoissance leur fut revenue. Nous fimes monter derriere les deux domestiques qui nous suivoient ; Maurice & moi nous prîmes leurs chevaux : après avoir délibéré sur ce que nous devions faire, nous résolumes de continuer notre route vers Auxerre pour déclarer ce que nous savions de cette avanture. Il étoit aisé de voir que deux de ces hommes s'étoient battus : mais celui qui étoit mort sans défense exigeoit des poursuites ; & comme nous nous étions chargés des deux inconnues qui avoient occasionné ces malheurs, il falloit, pour notre sureté, faire notre déclaration dans la Ville la plus prochaine,

Lorſque nous fûmes deſcendus dans l'auberge , nous parlâmes à ces Dames. Nous leur apprîmes , avec le plus de ménagemens qu'il fut poſſible , tout ce qui s'étoit paſſé. La Françaiſe étoit ſi accablée de la perte de ſes deux freres , qu'elle ne put nous répondre : l'autre n'étoit pas moins touchée de la mort de ſon mari : mais ſa ſureté qui dépendoit des meſures qu'on alloit prendre , ne lui permît pas , dans ces premiers inſtans , de s'abandonner à toute ſa douleur. La Françaiſe étoit ſi abbatue , que j'eus de la peine à la reconnoître ; mais ſes traits avoient été trop chers à mon cœur , pour qu'ils ſe fuſſent totalement effacés ; ils me laiſſerent la douce inquiétude de me rappeller où je l'avois vue : ils me cauſoient tant de diſtraction , que je ne pouvois prendre moi-même les meſures néceſſaires pour aſſurer la liberté de ces Dames.

Je laiſſai ce ſoin à M. de Caſſimir
& à Maurice. Pour moi, je reſtai
avec Madame de Blameſnil & les
deux affligées ; leur douleur étoit
trop vive pour eſpérer qu'elles nous
appriſſent ce qui les avoient plon-
gées dans ces malheurs. Nous
voulumes eſſayer de les retirer de
l'état de déſeſpoir dans lequel elles
étoient. Non, dit l'Eſpagnole, je
ſuis inconſolable ; je perds dans
M. de Courville (ce nom me frappa)
un mari accompli, & j'ai le chagrin d'avoir plongée ſa ſœur, ma
plus tendre amie, dans la douleur
la plus amere. Quoi ? lui dis-je,
cette Dame eſt donc Mademoiſelle de Courville ? & vous, Dona
Mélanie ? Oui, me répondit-elle.
Je fus à l'inſtant me précipiter aux
pieds de Sophie. L'état de langueur dans lequel elle étoit, ne
lui avoit pas permis d'entendre ce
qu'on venoit de me dire. La ſurpriſe où la jetta ma poſture, l'en

retira pour un inftant. Hélas ! lui dis-je, Madame, vous m'avez oublié, & vous puniffez bien, par cette indifférence, le plus lâche, le plus perfide des hommes. Je vous reconnois, Monfieur, me dit-elle froidement ; mais, je vous prie, n'interrompez pas mes pleurs par le reffentiment que vous feriez naître dans mon cœur ; je dois toute ma douleur à mes freres, & fi j'étois encore fufceptible de quelques fentimens, ce feroit pour partager celle de Dona Mélanie. Elle prononça ce peu de mots avec un froid fi marqué, que je n'eus pas la force de lui répondre.

Je me retirai dans une chambre voifine, où le défefpoir me peignit à moi-même comme étant l'auteur de tous les malheurs qui arrivoient à cette famille. Je fus près de deux heures à me livrer à cette réflexion : je n'en fus diftrait que par l'arrivée de M. de Caffimir &

de Maurice, qui entrerent pour me rendre compte de tout ce qui s'étoit paſſé. L'air triſte & abatu qui régnoit ſur toute ma perſonne les frappa ; mais avant qu'ils euſſent le tems de m'en demander la cauſe, je les queſtionnai ſur le réſultat de leur négociation. Ils me répondirent qu'après avoir déclaré au Juge criminel de cette Ville ce qui s'étoit paſſé, le Juge étoit convenu de venir interroger les Dames l'après-midi ; que pour nous, tout prouvoit notre inno- cence, mais que les formalités exigeoient que nous reſtaſſions dans Auxerre juſqu'à ce que toute cette affaire fut inſtruite. Ce qu'ils avoient dit juſques-là m'avoit peu touché ; mais l'interrogation qu'on devoit faire ſubir à Sophie, m'af- feƈta, tant je craignois que les formes ne fuſſent contre elle & ne la plongeaſſent dans de nouveaux malheurs. Pour me raſſurer, je

leur fis comprendre que je défirois
que ces Dames nous rendiffent un
compte exact de toute cette avanture avant l'arrivée du Juge. C'eft
auffi, me répliqua M. de Caffimir,
ce que nous avons deffein de
faire ; nous n'attendons que vous
pour paffer dans leur appartement.
Non, lui répondis-je, la folitude
m'eft néceffaire dans le moment
préfent. Vous êtes plus en état que
moi de veiller à leur fureté, &
je vous prie d'avoir la complaifance
de me laiffer quelque tems à moi-
même. Ils ne purent rien comprendre à ma conduite ; ils me
quitterent fans m'en demander davantage.

Un moment après qu'ils furent
fortis, Madame de Blamefnil entra dans ma chambre ; après m'a-
voir appris ce que Sophie lui avoit
dit à mon fujet, cette aimable
perfonne, continua-t-elle, con-
fent à vous revoir, pourvu que

vous ne lui témoigniez que de l'estime pour elle, & de la pitié pour ses malheurs. J'eus bien de la peine à me déterminer à passer dans son appartement ; à la fin cependant je cédai aux raisons de Madame de Blamesnil.

Dona Mélanie commençoit à raconter ses malheurs lorsque j'entrai. Sophie, qui ne parut pas m'appercevoir, me donna la liberté de me placer assez loin pour rougir sans être apperçu, car je n'ignorois pas le rôle que j'allois jouer dans les avantures que Dona Mélanie racontoit. J'en fus convaincu à l'article des Géronimites où elle se retira avec Mademoiselle de Courville, après que Don Pedre de Sarmintio lui eut appris la fourberie de mon procédé.

Lorsque nous fumes retirées dans ce Couvent, continua Mélanie, l'amant de Sophie étant de retour à Madrid, & ayant sçu ce qui s'étoit passé, voulut la faire sortir de cette solitude, en lui promettant de réparer, par une conduite toute contraire, celle qu'il avoit tenue jusques là ; mais elle méprisoit trop cet odieux procédé pour y consentir : elle vouloit se séparer totalement du monde ; en conséquence, elle pria la supérieure de cette maison, qui est ma tante, de la recevoir au nombre de ses Religieuses. Dona Théodora, qui, j'ose le dire, possede toutes les qualités nécessaires pour bien remplir cette place, ne voulut point lui laisser prendre un engagement si subit.

Ne prenez pas pour de la vocation, lui dit-elle, un dépit que l'amour a fait naître, & que la raison en ce moment, semble autoriser. Examinez sérieusement tous les motifs qui pourroient vous détourner de ce dessein. Si, d'a-

près cet examen, vous vous fentez le même empreffement, je
confentirai à vous recevoir. Que
la différence de la nation entre
pour quelque chofe dans vos ré-
flexions. Souvenez-vous que le
caractere Efpagnol eft prefqu'in-
compatible avec le caractere Français ; péfez bien la trifte fituation
de perdre la liberté dans un pays
qui vous eft étranger, & dont les
ufages contredifent les vôtres. Mademoifelle de Courville fut plus
frappée de ce dernier article, que
de toutes les réflexions que Dona
Théodora lui avoit fait faire : cette
derniere obfervation lui fit prendre la réfolution de ne fe point
engager par des fermens toujours
trop hazardés.

Je réfléchis moi-même fur les
motifs qui me faifoient prendre
cet état. Je fentis naître dans mon
cœur une répugnance indomptable
à facrifier une liberté, dont l'a-

mour est gravé dans nos âmes par le doigt même du Créateur. En conséquence, nous résolumes, Sophie & moi, de passer nos jours dans cette maison ; mais sans nous engager par des liens qui souvent conduisent au repentir.

Depuis près de trois ans que nous étions dans cette solitude, nous goutions les vrais biens, & le monde, qui nous étoit étranger, ne nous occupoit jamais. Nous jouissions de cette sécurité, lorsque Madame de Courville la troubla par une lettre qu'elle écrivit à sa fille : des reproches amers soutenoient le caractere de cette épître chagrine ; elle y exposoit la conduite de Sophie dans le jour le plus défavantageux, & finissoit par lui apprendre que le monstre qui avoit si fortement occupé son cœur, avoir assassiné son pere, en se rencontrant l'un & l'autre à leur passage en Anglererre. Après la lecture de cette lettre, Mademoiselle de Courville tomba évanouie : la vivacité du chagrin où elle fut plongée, nous fit craindre pour ses jours. Cependant après six mois de langueur sa santé revint un peu, & pour dissiper la mélancolie qui lui restoit, je l'engageai à venir passer quelque tems dans la Province d'Andalousie, chez une de mes tantes qui y tenoit un rang considérable. Nous y passâmes six mois avec tous les agrémens qu'on peut désirer. Dona Agizos, ma tante, ne nous laissa partir qu'en lui promettant que l'année suivante nous ferions le même séjour chez elle. Pendant plusieurs années nous passâmes régulierement six mois aux Géronimites, & six mois en Andalousie.

Cette vie si agréable fut troublée au bout de six ans. Il y avoit environ un mois que nous étions chez Dona Agizos, lorsque deux François lui furent présentés par un Gentilhomme du voisinage. Mademoiselle de Courville, à ce nom de Français, sentit une émotion secrette qu'elle attribua au plaisir de trouver dans un pays étranger des compatriotes. Quoique leur visite fut très courte, le plus âgé avoit fait une vive impression sur mon cœur, je me sentis pénétré d'un sentiment que je n'avois pas encore connu ; j'avois cependant près de trente ans. La soirée me parut très longue, & je désirois être retirée dans ma chambre pour démêler ce qui se passoit dans mon âme.

Lorsque je fus seule, je fus effrayée de l'état de mon cœur. Quoi? me disois-je à moi-même, j'aimerois un homme que je ne connois pas, & qu'à peine j'ai vu un quart d'heure? J'essayai de me rassurer sur les sentimens d'intérêt que malgré moi je prenois à lui. Je les combattis si fortement, que le lendemain je me trouvai plus tranquille, & je pris assez sur moi pour le revoir sans paroître troublée. A peine avions nous dîné qu'il se rendit avec son frere chez Dona Agizos. Après quelques momens de conversation, elle dit au plus jeune (qui se trouvoit placé près d'elle) vous n'avez pas remarqué, Monsieur, que cette Dame est Française; (en désignant Sophie.). J'ai cru, lui répondit-il, que ses traits me le disoient; mais je n'ai point osé m'arrêter à la charmante idée de trouver dans Madame une patriote. Il s'informa de quelle Province elle étoit: ils se trouverent tous Lyonnois. Mademoiselle de Courville ne se pressoit pas de leur apprendre son nom; elle présumoit bien que son aventure avoit fait de l'éclat; elle ne put cependant le cacher longtems.

Quelle scene touchante ce fut pour nous de voir ces deux freres reconnoître leur sœur, oublier ses égaremens pour ne se souvenir que de la tendresse qui les retenoit depuis six mois en Espagne pour découvrir le lieu de sa retraite ! Madame de Courville étant morte sans vouloir leur aprendre quel étoit le Couvent où elle s'étoit retirée ; ils savoient seulement qu'elle étoit en Espagne. Ils lui dirent qu'elle pouvoit retourner à Lyon, tout le monde ignorant l'aventure qui lui étoit arrivée. Dès que Dona Agizos sut que les deux Français étoient freres de Sophie, elle ne voulut pas leur permettre de prendre d'autre maison que la sienne, & les engagea de rester en Espagne le tems de la Campagne.

Ce fut alors que commencerent les malheurs dont voilà une fin si tragique. Je fis sur le cœur de

M. de Courville la même impref-
fion qu'il avoit fait fur le mien.
Comme un tendre amour eft toujours fans détour , il m'avoua fes
fentimens en me faifant l'offre de
fa main. Je reçus cet aveu avec
reconnoiffance ; mais je ne lui
diffimulai pas les obftacles que
Dom Pedre de Sarmintio mon
pere , mettroit à cette alliance.
Comme j'étois dans un âge où les
loix , par tout pays , ôtent les droits
aux parens , quand ils en ufent avec
tyrannie , je confultai ma tante fur
ce que j'avois à faire. Loin de
blâmer mon inclination pour M.
de Courville , elle l'approuva beaucoup : le feul article , me dit-elle
obligeamment , qui me défefpere ,
c'eft l'adieu prefqu'éternel qu'il faut
tous dire. Je l'affurai que de mon
côté cette féparation me paroiffoit
bien dure ; mais fa tendreffe pour
moi étoit trop fincere , pour qu'elle
ne facrifia pas le plaifir de me
voir ,

voir, à mon bonheur réel, & cet établissement lui parut si avantageux, qu'elle se chargea d'en faire part à mon pere.

Ce mariage ne pouvoit être du goût de Dom Pedre, puisqu'il rompoit toutes ses mesures. Aussi répondit-il qu'il n'y consentiroit jamais. Dona Agizos, qui a toute la fierté du caractere Espagnol, s'embarrassa fort peu de son consentement pour m'unir à M. de Courville. Ma chere Sophie, qui m'avoit vouée l'amitié la plus tendre, étoit enchantée que cette alliance vint encore en resserrer les nœuds ; aussi pressoit-elle son frere de conclure ce mariage. J'avois beau lui parler de mon peu de fortune, elle me répondoit toujours que la maison de Courville étoit riche, & que j'allois jouir des droits que les coutumes en France donnent aux aînés. Enfin le jour qui devoit unir mon deſtin à celui de M. de Courville arriva. Nous fûmes mariés à la Campagne de Dona Agizos. Cette cérémonie ne devoit point me donner de triſteſſe, mon cœur ayant choiſi lui-même les chaînes dont cette journée le chargeoient ; mais un preſſentiment ſecret ſembloit m'annoncer le malheur dans lequel j'allois plonger la famille de mon époux ; je m'efforçai cependant de cacher le trouble qui m'agitoit.

Quelques jours après mon mariage, nous retournâmes à Madrid. Je vis Dona Théodora, qui me félicita ſur le choix que j'avois fait, & me promit de faire tous ſes efforts pour me réconcilier avec mon pere avant mon départ pour la France. Elle crut avoir réuſſi ; il déſira me voir & ſembla me pardonner. Il vit auſſi Dona Agizos. Toute ma famille parut jouir d'un calme auquel je ne m'étois pas attendu. Enfin l'inftant fatal où nous devions quitter l'Efpagne arriva. Ce fut avec un vrai regret que je me féparai de mes tantes.

Notre route jufqu'à Lyon fut des plus agréables ; mais notre féjour dans cette Ville fut très court. Des affaires ayant appellé M. de Courville à Paris, il voulut nous y conduire pour me faire voir cette fuperbe Capitale. Il y avoit déja quelques jours que nous voyagions, lorfqu'hier au foir notre voiture fut arrêtée par un cavalier inconnu, qui demanda M. de Courville, celui-ci ayant imprudemment mis la tête à la portiere pour lui répondre, l'inconnu lui déchargea un coup de piftolet. Son frere defcendit de la voiture pour venger fa mort. Nous defcendimes nous-mêmes fans favoir où nous allions, lorfque la douleur & le faififfement nous forcerent de refter dans

l'endroit où vous nous avez trou-
vées. Je ne sais où se sont retirés les
gens qui nous suivoient, ni ce
qu'est devenue notre voiture. Pour
l'assassin vous a dit qui il étoit.
Aussitôt que Dona Mélanie eut
fini le récit de ses malheurs, elle
se livra à toute l'amertume de sa
douleur, qui la rejetta dans l'ac-
cablement, & Sophie n'étoit point
encore sortie du sien.

Les aventures que Mélanie venoit de raconter ne laisserent aucun doute sur leur innocence, &
nous ne craignimes plus pour elles
l'interrogatoire qu'elles devoient
subir. Le Juge ayant eu la même
instruction que nous, fixa notre
départ au moment où il recevroit
les attestations d'Espagne, qui lui
confirmeroient ce qui avoit été
avancé par Dona Mélanie.

Au bout de trois semaines, la
liberté de sortir d'Auxerre nous
fut rendue. Pendant le séjour que

nous y avions fait, les domestiques
des Dames de Courville s'y étoient
rendus. Ils nous avoient appris que
lorsque M. de Courville fut tué &
que tout le monde fut descendu
de l'équipage, le postillon en avoit
retiré le cadavre & étoit retourné
à Auxerre ; que pour eux, ne pouvant défendre la vie de leur maître, ils avoient suivi la même
route pour avoir du secours & ne
point perdre la voiture de vue.

Les Dames de Courville étant
trop accablées de douleur pour aller
jusqu'à Paris, elles prirent le parti
de retourner à Lyon. Comme je devois suivre la même route avec M.
de Cassimir, Madame de Blamesnil & Maurice, j'espérois ne les
plus quitter, mes terres étant très
voisines des leurs ; mais l'indifférence de Sophie, qui chaque jour
sembloit accroître, me desespé-
roit ; la mélancolie dans laquelle
elle étoit plongée, n'ôtoit rien à

ſes charmes & la rendoit même encore plus touchante ; tous les momens que je paſſois près d'elle lui donnoient un nouvel empire ſur mon cœur ; mais je n'avois plus d'eſpérance ; je n'avois même oſé tenter un entretien depuis le moment où elle m'avoit accablé de tout ſon mépris. Pour m'éclaircir tout-à-fait de mon ſort, je réſolus d'ouvrir mon cœur à Mélanie. Je connoiſſois ſon pouvoir ſur l'eſprit de Sophie, & j'eſpérois beaucoup de cette démarche. Elle écouta tout ce que j'avois à lui dire ; lorſque j'eus fini de parler : je devrois bien vous en vouloir moi-même, me dit-elle, de me croire capable de me ſervir de l'aſcendant que l'amitié me donne ſur Mademoiſelle de Courville, pour tromper cette tendre amie. Quoi ? je l'engagerois à aimer l'aſſaſſin de ſon pere, un lâche ſuborneur qui l'a précipitée dans

un l'abyrinthe de malheurs qui l'a
forcée de vivre dix ans expatriée;
son exil même ne seroit pas encore
fini sans la mort de sa mere. Non,
Monsieur : jugez mieux de moi :
la seule grâce que je puisse vous
faire, est de ne point rappeller dans
son âme un sentiment que vos
perfidies ont fait naître, & que
la mort seule séparera de son exis-
tance. Je ne chercherai point à me
justifier, lui répondis-je, je connois mes fautes ; mais permettez-
moi de vous préfenter que je ne
suis point aussi criminel que vous
vous le persuadez. La lettre de
Madame de Courville à donné un
vernis bien noir à toute ma conduite. J'ai trompé Sophie, cela est
vrai ; mais Dom Pedre de Sarmintio, votre pere, a plus de
part que moi à cette perfidie ; c'est
en suivant ses conseils que je l'ai
faite. A l'égard de M. de Courville, je ne suis point son assassin;

je l'ai tué , mais en homme d'honneur, il eût été ridicule dans le monde, que j'eusse refusé le cartel qu'il me proposoit. Hé ! bien M., dit-elle avec vivacité, en suivant le torrent du préjugé, vous avez renoncé pour toujours à sa fille , & elle me quitta.

J'étois absorbé dans la plus vive douleur. Je me repentois d'avoir ouvert mon cœur à Dona Mélanie. Lorsque Maurice entra dans ma chambre , il avoit remarqué que depuis notre arrivé à Auxerre, une profonde mélancolie s'étoit totalement emparée de moi , & dans ce moment mon chagrin étoit trop vif pour ne lui en point apprendre la cause. Ah ! mon cher Maurice, lui dis-je, je suis bien puni de t'avoir scellée la douleur qui m'accable ; si j'eusse pris tes conseils, je ne me serois pas précipité dans ces maux. Je lui racontai toute mon avanture avec Sophie. Ce

sage

ſage ami démêla tout les ſentimens qui me faiſoient agir. Après
avoir excité ma confiance, il me
fit avouer que ſi Mélanie m'eût
traité differemment, elle eût mé-
rité tout le courroux de Sophie
& tout mon mépris. Faites un
effort courageux, me dit-il, re-
noncez pour toujours à Mademoiſelle de Courville, car elle ne ſeroit pas vraiment vertueuſe ſi elle
conſentoit à s'unir à vous, & vous
devez regarder ce lien comme le
comble du malheur. Prouvez lui
ſeulement, par un attachement
purement d'eſtime, que vous n'êtes
coupable que d'avoir ſuivis les
conſeils d'un homme dépravé. Je
ne la reverrai jamais, lui répondis-
je, je ſuis outré. Vous penſeriez
mieux, me dit-il, ſi vous regar-
diez ſans prévention le procédé de
Sophie. Vos crimes à ſon égard
ſont impardonnables, elle a eu
aſſez de généroſité pour vous re-

L

connoître fans vous témoigner d'in-
dignation ; & fi vous n'euffiez point
eu de témérité, elle n'auroit point
eu de couroux. Depuis plus d'un
mois que nous paffons enfemble,
elle s'eft conduite avec tant de pru-
dence, qu'elle a laiffé ignorer à
tout le monde les griefs qu'elle a
contre vous. Souvenez vous qu'il
eft de l'effence d'un honnêtehomme
de ne pas laiffer indifféremment
mal juger de lui. Vous allez me
répondre que Mademoifelle de
Courville eft trop prudente pour
rendre vos fautes publiques, &
qu'elle eft trop intéreffée à taire
votre conduite, pour ne pas être
difcrette. Mais comptez vous pour
rien le jugement fecret qu'elle
portera contre vous? L'honneur
nous engage à nous juftifier fur
toutes les imputations, quand
même elle ne feroit pas publique;
& vous qui avez des torts fi réels
à fon égard, penfez que tout peut

les aggraver. Prouvez lui au moins par une soumiſſion exacte à ſes ordres, que vous n'êtes pas auſſi criminel que vous lui avez paru : vous aurez fait alors ce que l'honneur exige de vous.

Comme nous n'étions plus qu'à une journée de Lyon, nous y arrivâmes le lendemain. Après que nous fûmes ſéparés des Dames de Courville, Maurice me fit entendre que je ne devois pas me préſenter chez elles, ſans une permiſſion expreſſe de Sophie. En conſéquence, il me conſeilla de lui écrire. J'eus de la peine à m'y réſoudre. Je ne ſçais quel eſt ce penchant orgueilleux qui nous maitriſe de façon à n'avoir point de remords, même en connoiſſant nos fautes, & nous fait toujours rougir des moyens de les réparer. Cependant je ſouſcrivis à cet avis. Il étoit néceſſaire ſuivant le plan de Maurice, d'expoſer à Sophie

mon repentir , & qu'elle fauroit
la difcrétion avec laquelle je me
conduirois à l'avenir. Il diċta lui-
même la lettre , & il fe chargea
de la remettre. Mademoifelle de
Courville ne fût point fâchée de
me trouver moins coupable qu'elle
l'avoit cru jufqu'alors ; mais je l'é-
tois toujours trop , pour prétendre
à fon cœur. Elle confentit à me
revoir , pourvu que je ne lui parlât
ni de mes fautes ni de mon repentir , & que je ne paruſſe la
connoître, que du moment où nous
les avions fecourue près d'Auxerre.

Maurice qui me rendit cette converfation , me fit promettre de
foufcrire à toutes les conditions.
J'y confentis , & je me rendis le
lendemain chez ces Dames. Dans
le féjour que je fis à Lyon , elles
firent toute ma fociété. Avant
de retourner à Paris , je voulus
exécuter la promeffe que j'avois

fait à Monsieur de Caſſimir & à ſa fille, de leur aſſurer un ſort honnête. En conſéquence, je leur abandonnai une petite maiſon de campagne, avec un revenu fixe & ſuffiſant.

Enſuite, je quittai Lyon. J'eus bien de la peine à déterminer Maurice à me ſuivre à Paris ; il s'étoit fait une douce habitude des plaiſirs de la vie champêtre & ne la quitta qu'à regret. Je ſentois trop le beſoin que j'avois de ſes ſages conſeils, pour lui permettre de ſe ſéparer de moi. J'arrivai à Paris avec la ſatisfaction qu'une âme ſenſible reſſent toujours quand elle a fait des heureux. Le ſort tranquille dont jouiſſoient M. de Caſſimir & Madame de Bla-meſnil, étoit pour moi le plus doux plaiſir qu'il me fut poſſible de gouter.

Il y avoit déjà quelques mois que j'étois à Paris, lorſque je reçus

une lettre de Mylord Williams.
Il m'engageoit, si mes affaires ne
me retenoient pas en France, à venir partager les plaisirs de l'Italie.
Il m'en faisoit un détail très-agréa-
ble & m'en disoit beaucoup plus
qu'il n'en falloit pour me déterminer; car les voyages & tout ce
qui me faisoit perdre de vue les
choses que l'habitude me rendoit
insipides, étoient toujours de mon
gout & avoient pour moi beaucoup d'attraits.

Je fis part à Maurice de mon
dessein de voyager en Italie; il
fut peu content de cette nouvelle
occasion de me forger des avantures. Il me représenta combien
elles avoient toujours tournées à
mon désavantage. Mais j'étois trop
ferme dans cette résolution pour
que tous ses avis pussent m'ébranler.
J'exigeai seulement qu'il fut du
voyage, car je ne doutois pas combien Mylord seroit charmé de revoir

fon libérateur. En moins de trois femaines je mis ordre à mes affaires & je partis pour l'Italie. Le plaifir de voir mon ami, & l'efpérance de me bien amufer, m'occuperent tellement, que je ne m'ennuyai pas un inftant pendant toute la route.

C'étoit à Rome même, que Mylord faifoit fa réfidence. Nous paffâmes deux jours à nous repofer, pendant lefquels Mylord me témoigna fon amitié, & à Maurice fa reconnoiffance, quoiqu'il fut en sûreté, il n'avoit point oublié qu'il devoit la vie à cet honnête homme. Il n'étoit pas du nombre de ces grands dont la reconnoiffance ne dure que le tems des fervices qu'on leur rends. Je l'inftruifis des qualités effentielles que j'avois remarquées dans Maurice, de la jufteffe de fon efprit, combien fon âme fe montroit toujours noble & défintéreffée dans les conseils qu'il donnoit. Mylord le trouva lui-même si digne de sa confiance, que dans le séjour que nous fîmes à Rome, il le consulta sur toutes les affaires importantes qu'il avoit à negotier.

Monsieur de Willians me présenta dans les maisons les plus distinguées, & qui joignoient à un haut rang, les qualités qui caractérisent la meilleure compagnie. Il y avoit environ deux mois que j'en goutoient les agrémens, mais sans en être touché, parce que je ne croyois pas y rencontrer les plaisirs dont Mylord m'avoit flatté. Je me hazardai un jour de lui demander si ces petits plaisirs étoient les seuls que l'on goutoit en Italie? Quoi! me répondit-il, la société la plus charmante vous déplait! & vous supposez que je vous ai trompé lorsque je vous écrivis que je goutois ici les vrais plaisirs? En vérité je vous plains

fincerement, fi vous croyez qu'il
en exifte d'autres. La promenade,
le jeu, les fpectacles & les con-
certs partagent les momens, qu'une
converfation plus favante que férieufe nous laiffe. Il eft vrai que
la folie, les intrigues, les riens,
font bannis de ces fociétés. La premiere eft remplacé par une gaité
toujours égale, que rien ne peut
altérer ; une galanterie honnête,
dont le refpect eft inféparable, eft
je crois bien préférable aux fe-
condes. Le goût des fciences &
des propos charmans fuppléent
avec avantage aux troifiemes.

Ce propos me fit rougir, fans
cependant me perfuader, il faut
l'avouer ; je n'avois jamais fait ma
fociété de la bonne compagnie,
je croyois l'avoir rencontrée, lorfqu'un laquais à belle livrée m'ap-
portoit une invitation d'une Com-
teffe ou d'une Marquife. Je quittai
Mylord affez mécontent de fa

science & de ses principes. Nous
jeunes françois qui faisons trophée
de n'en point avoir, nous regar-
dons comme méthodistes insupor-
tables les personnes sensées. Je fis
part à Maurice de l'ennui que je
commençois à ressentir, & du desir
ardent que j'avois de retourner en
France. Comment, me dit-il,
vous vous déplaisez dans ce pays
si charmant, où il sembloit que
vous ne seriez jamais assez-tôt pour
gouter les plaisirs qu'on vous promettoit ? Mon cher Maurice, jamais pays ne m'a paru si maussade
que celui-ci; on n'y rencontre que
des prudes, & mon grave Mylord
me conduit tous les jours dans des
cercles où il me faut une étude
toute particuliere, pour cacher au
moins une partie de l'ennui qui
me dévore. Il n'est question que
d'auteurs tant anciens que moder-
nes; que de philosophie, que de
la perfection des langues, des ou-

vrages, de génie & de tous les différens genres de science. Ce qu'il y a de plus ridicule, c'est qu'on voit jusqu'à des femmes tenir le dez dans de pareille conversation.

Vous me rendez un grand service, me dit alors Maurice ; jusques-ici j'avois eu un préjugé très-injuste. Je m'imaginois que la contrainte dans laquelle font élevées les Dames espagnoles & italiennes, enchaînoient également leur jugement & leur liberté, que lorsqu'elles fe trouvoient maitrelles de la derniere, elles étoient comme accablées de ce poids, & donnoient aifément dans tous les travers qu'on leur reproche dans les pays où l'éducation eft différente, où l'on fuppofe que l'expérience & le jugement étant pout elles des êtres étrangers, elles ne peuvent fe conduire par ces deux principes de toute fociété. Mais les mécontentemens qu'elles vous donnent , me font juger mieux d'elles.

Pour moi , auſſi fatigué des ré-flexions de Maurice que je l'avois été de la converſation de Mylord, je le quittai ſans lui répondre , & me rendis chez un jeune Seigneur, dont j'avois fait connoiſſance au ſpectacle ; il poſſédoit cet enjouement étourdi qui caractériſoit pour l'ordinaire mes meilleurs amis. Auſſi nous eûmes bientôt lié enſemble une étroite amitié. Je partageois ſes ſociétés , j'étois de toutes les parties de plaiſirs qu'il formoit. Ce fut alors que l'Italie me parut un pays enchanté ; à peine en huit jours avois-je le tems de ſacrifier deux heures à Mylord. Cette diſſipation étoit pour moi le point de vue , ſous lequel s'étoit toujours offert le vrai bonheur ; je me flattois de l'avoir rencontré, lorſqu'une aventure aſſez déſagréable , me montra fa fauffeté dans tout fon jour.

Le Signor Fornaris, cet ami dont j'ai parlé, avoit une maitreffe qu'il cheriffoit beaucoup. Il étoit Italien, c'eft-à-dire très-jaloux ; mais il comptoit affez fur mon amitié pour me la faire connoître. Cette fille étoit d'une figure intéreffante, & joignoit à mille charmes une converfation des plus charmantes. L'inftant qui l'offrit à mes yeux, me rendit le rival de mon ami. Cependant pour ne point rompre mes vues, je fus contraint de diffimuler jufqu'à une occafion plus favorable qui fe préfenta peu de tems après. Fornaris ayant été obligé d'aller paffer huit jours à la campagne, je déclarai mes fentimens à Julie, & je lui fis les offres les plus avantageux.

L'état dans lequel vous voyez que je vis, me répondit-elle, ne me permet pas de m'offenfer de l'aveu que vous me faites ; mais vous êtes françois, pour l'honneur de votre patrie, qui est aussi la mienne, daignez me prêter une main généreuse, pour me retirer de ce désordre, plutôt que de vous livrer à la cruauté de m'y plonger encore d'avantage. Je n'ai jamais aimé le Signor ; le seul nœud de la reconnoissance m'attache à lui & voila le prétexte qui m'aveugle sur mon crime. Depuis longtems je desire finir mes jours dans un couvent de Bénédictines, qui est à quelque mille d'ici. J'ai suffisamment d'effets pour me faire une dot honnête ; daignez m'y faire conduire, ce sera une très-belle action & la plus digne d'une âme généreuse.

Cette conversation m'affligea, autant qu'elle me surprit. J'eus beau lui représenter que de pareilles résolutions demandoient au moins le tems d'y réfléchir : elle me fit

donner ma parole avant de la quitter, que fous vingt-quatre heures
je l'y feroit conduire.

Je rentrai ce jour-là chez moi,
de meilleure heure qu'à l'ordinaire;
Maurice en fut furpris. Comme
j'étois trifte, il m'en demanda le
fujet, & lorfqu'il l'eut appris, vous
avez juré, me dit - il, de ternir
votre vie par les actions les plus
imprudentes. Quoi, cet obftacle
qui devroit vous faire rentrer en
vous même vous afflige ? Vous êtes
né avec de belles qualités & d'heu-
reufes difpofitions ; mais le peu de
foin qu'on a pris à les cultiver,
vous les faits toujours facrifier à
vos penchans ; vos paffions ont eu
tant de pouvoirs fur vous, que
leurs intérêts vous ôtes jufqu'à la
faculté de réfléchir. Combien de
fois vous ont - elles rendu parjure
aux fermens les plus facrés ? Aujourd'hui vous êtes prêt à leur facrifier l'honneur, en trahiffant l'a-

mitié. Vous me croiriez donc coupable de perfidie, lui dis-je, si je rendois à Julie le service qu'elle attend de moi ? Non, au contraire, je vous croirois capable d'une grande action ; puisqu'alors vous sacrifiriez l'amour à la vertu, & non l'honneur à votre intérêt propre. Hé bien ! des demain j'exécuterai ce projet. Mais pour votre sûreté, me dit-il, vous ne devez pas la conduire vous même ; vous auriez tout à craindre de la fureur de son amant, s'il venoit à découvrir que vous êtes l'auteur de cette retraite. Je ne pus me rendre aux représentations de Maurice, tant je craignois que cette sorte d'indiscrétion (si j'en chargeois un autre) ne mortifia Julie. Je me rendis moi-même chez elle ; je la trouvai toute disposée à partir, elle m'attendoit avec impatience. Sa femme - de - chambre seule étoit dans la confidence ; elle la chargea

d'une

d'une lettre pour Fornaris, & lui
recommanda de ne le point inftruire
du lieu de fa retraite. Tous ces
ordres étant donnés, nous nous
mîmes en route.

Comme elle m'avoit répété plufieurs fois qu'elle étoit françoife,
je lui témoignai l'envie que j'avois
d'apprendre quel étoit le hazard qui
l'avoit conduit en Italie. J'ai ignorée, me dit-elle, jufqu'à l'âge de
quatorze ans, quels étoient les auteurs de mes jours. Je fus élevée
dans la province de Normandie,
par une Dame dont la fortune &
le rang étoient honnêtes. Je paffois
pour une de fes filleules, qui étant
reftée orpheline dès le berceau,
fans bien & fans efpoir, avoit mé-
rité fa compaffion. Je l'aurois toujours cru, fi un revers affreux n'eût
renverfé jufqu'au fondement de fa
fortune. Cet évènement ne lui laiffa
d'autres reffources que dans quelques bijoux dont elle fit une fomme

M

assez considérable pour entreprendre un grand voyage. Sur le point
de partir, elle me dit que nous allions
passer en Italie, sans m'apprendre
le motif qui l'y contraignoit. Lorfque nous fûmes arrivées ici, elle
me dit : vous avec toujours ignorée
que vous me devez le jour ; il
m'en coûte beaucoup de vous dé-
voiler ce myftere ; mais ma fituation ne me laiffant d'autre efpoir
pour vous, qu'un avenir malheureux ; j'ai entrepris ce voyage pour
vous faire retrouver un pere qui,
quoiqu'indigne de ce nom, fera
peut être touché de votre infortune, & pourra prévenir les rigueurs du fort qui vous menace.
A ces mots je reftai interdite. Ce
difcours me furprit autant qu'il
m'affligea ; l'horreur que le préjugé
donne pour une naiffance illégi-
time, vint s'emparer de mon cœur.
Il fembloit qu'il étoit déchiré du
remord, comme fi le crime des

autres m'eût pu rendre criminelle : l'orgueil s'étoit tellement emparée du moral, qu'il me faisoit voir dans le physique, un opprobre insuportable. J'étois si humiliée, que je n'osois lever les yeux sur ma mere ; elle étoit aussi interdite que moi. Toutes les scenes intérieures que mon visage, sans doute, interprétoit, sembloient lui reprocher l'infamie de mon sort. Accablée de sa situation & de la mienne, elle rompit enfin le silence, pour essayer de me retirer de l'annéantissement dans lequel j'étois plongée. Quelques jours après ayant découvert la demeure de mon pere, elle se présenta chez lui avec moi ; elle tâcha de l'attendrir par tout ce que mon sort avoit de touchant. Mais cet homme barbare, loin de se laisser fléchir, osa insulter à nos malheurs. Le chagrin que ma mere ressentit de ce traitement fut si vif, qu'il la conduisit au tombeau en très-peu de tems.

Alors, je me trouvai sans ressource dans un pays inconnu, dont je savois si peu la langue, qu'à peine je me faisois entendre. L'hotesse chez laquelle je demeurois, fût touché de mon infortune. Elle me proposa d'entrer au service d'une Dame dont elle étoit connue & qui voudroit bien recevoir une femme - de - chambre de sa main. C'étoit l'état le plus honnête qu'il me fut possible d'espérer. Je reçu sa proposition avec reconnoissance, & je l'a pressai de solliciter cette place.

Dès que je fus présentée à cette Dame, elle m'accepta, & j'entrai à son service. Comme j'étois peu habile dans le nouveau genre d'état que je venois d'embrasser, & qu'elle étoit fort difficile ; elle trouvoit toujours à redire & me traitois fort durement. Je supportois ses procédés avec le plus de douceur qu'il m'étoit poſſible, me contentant de m'affliger lorſque j'étois ſeule.

Cette Dame avoit un fils (c'eſt Fornaris); il me diſois ſouvent, qu'il étoit fâché de me voir ainſi expoſée aux caprices de ſa mere; que je méritois un ſort plus doux, & finiſſoit toujours par condamner l'injuſtice des deſtins. J'étois fort jeune & ſans expérience; je croyois voir dans ce Seigneur, une belle âme ſenſible ſeulement à mes malheurs. Mais mes traits avoient faits plus d'impreſſion ſur lui que la rigueur de mon ſort. Un jour qu'il étoit préſent à une querelle très-vive que ſa mere me faiſoit, loin de l'adoucir, il l'aigriſſoit encore, & lui conſeilla de me donner mon congé. La colere à laquelle elle étoit livrée, ne lui permettant pas de réfléchir, elle me renvoya ſur le champ.

Malgré les duretés que j'essuyois tous les jours auprès d'elle, je fus frappé comme d'un coup de foudre, lorsqu'elle me prononça cet arrêt. Je me retirai dans ma chambre désespérée & outrée contre le fils. Je ne fus pas peu surprise quelques instans après, de le voir entrer dans ma chambre. Comment, me dit-il, loin de me remercier, vous vous livrez au chagrin. Ah! Monsieur, lui répondis-je, je ne comprens rien à votre conduite, vous savez mes malheurs, & vous y mettez le comble. Vous jugez mal de ma façon d'agir, c'est pour vous en retirer que je semble les augmenter. Allez retrouver la personne qui vous avoit placée ici, elle vous instruira de tout.

Je m'y rendis effectivement. Cette femme, aussitôt qu'elle m'apperçut, me félicita beaucoup sur mon heureuse destinée, & employa plus d'une demie heure à me

complimenter. Toutes ses exclama-
tions de joie étoient des énigmes
pour moi, *dont le cœur étoit navré
du plus sombre chagrin.* Je ne com-
prenois rien à une conduite qui
sembloit si contraire à la situation
dans laquelle je me trouvois. Elle
ne m'avoit encore instruite de rien
lorsque Fornaris arriva. Après m'a-
voir assuré combien mon malheur
le touchoit, il me conduisit dans
un appartement honnête qu'il m'a-
voit destiné, & me fit un sort
gracieux, si l'on peut donner ce
nom à un pareil état. La mauvaise
fortune, dans laquelle je me trouvois, me l'ayant fait accepter, il
falloit un homme généreux & un
secours tel que le votre, pour m'en
retirer.

Lorsque Julie eût finit, je me
livrai aux réflections que ce récit fit
naître en moi : combien de femmes,
me disois-je, qui font aujourd'hui
le déshonneur de leur sexe, qui

ne se fussent jamais éloignées de la vertu, si des malheurs extrêmes ne les eussent plongés dans le vice ! Voilà plusieurs exemples frappans qui me prouvent, que souvent la mauvaise fortune mene à la mauvaise conduite.

Après quelques heures de marche, nous arrivâmes à l'abbaye, où depuis si longtems Julie desiroit de se rendre. Je l'assurai que Fornaris ignoreroit le lieu de sa retraite, & je l'a quittai très-satisfait d'avoir fait cette action généreuse. Lorsque je fus de retour chez moi, je rendis compte à Maurice de tout ce que j'avois fait. Je lui fis part aussi des aventures de Julie. Il convint, avec moi, que souvent les malheurs qui privent des choses nécessaires à la vie, absorbent l'âme, étouffent les principes & font tout oublier pour s'assurer la subsistance ; les hommes sont si peu généreux,

qu'ils

qu'ils n'obligent pour l'ordinaire
que lorsqu'un tendre intérêt les y
engage.

Depuis le dernier sacrifice que
j'avois été obligé de faire , je ne
sortois presque plus ; toutes les ré-
flexions que je faisois me dégou-
toient de plus en plus de l'Italie
& je faisois tous mes préparatifs
pour la quitter, lorsque je reçus
une invitation pour me rendre à
une heure indiquée, dans une maison d'un des fauxbourgs que l'on
me nommoit. Cette invitation
m'intrigua, je me doutai qu'elle
venoit de Fornaris, qui vouloit
me demander une explication l'é-
pée à la main; mais comme je n'é-
tois point coupable de la perfidie
qu'il pouvoit supposer, je desirois
que cette affaire se terminât à l'a-
miable. Je me rendis donc au lieu
désigné ; la premiere personne qui
s'offrit à mes yeux, fut Fornaris.
La jalousie des Italiens n'est sus-

ceptible d'aucun raifonnement. Il fondit fur moi fi brufquement, qu'il me renverfa fans que j'euffe eu le tems de me mettre en défenfe. Au bruit de ma chûte, les gens de la maifon accoururent, tout effrayés de me voir dans un état qui paroiffoit ne laiffer aucun efpoir pour mes jours. Ils envoyerent chercher tous les fecours nécef-faires ; le chirurgien leur affura que ma bleffure n'étoit pas mor-telle. Effectivement au bout de quelques jours je fus en état d'être tranfporté chez moi. Sitôt que mes forces furent un peu réparées, je voulus revenir en France ; mais Mylord & Maurice n'y voulurent pas confentir, que je ne fus to-talement rétabli. Je fus encore obligé de refter plus de trois mois en Italie ; après ce tems, j'eus la fatisfaction de ramener en France Mylord & Maurice mes deux plus chers amis.

J'étois si dégouté du monde &
de ses vains plaisirs, que je ne voulus point retourner à Paris. Je fus
droit à Lyon, pour me retirer dans
mes terres. Mylord qui depuis bien
des années étoit livré à l'étude fa-
tiguante d'une politique qu'exigeoit
alors les affaires de sa patrie, ne
desiroit plus qu'une vie tranquille
dégagée de toute espece de soin,
& il se trouva heureux de m'y
suivre.

Lorsque nous fûmes rendus à
Lyon, je vis Monsieur de Cassimir
& Madame de Blamesnil sa fille,
dont la reconnoissance avoit toujours pour moi la même vivacité.
Je leur demandai des nouvelles des
Dames de Courville, avec lesquelles ils avoient toujours été liés
par l'amitié la plus tendre. Je vis
aussi la petite Eléonore, qui étoit
âgée alors de près de quatorze ans.
Sa mere m'apprit qu'un parti considérable se présentoit pour elle,

que c'étoit à la vérité un vieux gentilhomme pour lequel elle avoit peu de goût ; mais que n'ayant point d'état ni de fortune , elle devoit le vaincre & accepter se fort avantageux. Comme je présumois qu'Éléonore à l'âge où elle étoit, ne pouvoit avoir le cœur engagé , je convins avec sa mere, que cet établissement étoit trop au-dessus de ce qu'elle pouvoit espérer pour ne le point accepter ; mais je l'engageai à ne rien presser.

Quoique près de deux ans se fussent écoulés, Eléonore persistoit toujours dans la même froideur. Cet éloignement me parut trop extraordinaire pour qu'il ne fut pas occasionné par quelque penchant secret. Comme depuis longtems j'en cherchois la cause sans pouvoir la trouver, je l'attribuai à un caprice que son âge autorisoit, mais qu'il falloit tâcher d'extirper avant qu'il eût pris de plus fortes racines. En conséquence je pressai moi-même le mariage, & lui donnai un tems assez court pour s'y résoudre.

Il y avoit deux jours que je m'étois expliqué clairement, lorsque revenant de souper chez les Dames de Courville, j'apperçus une voiture près du jardin de Monsieur de Cassimir. Cette aventure m'intrigua ; pour m'en instruire, j'entrai chez lui. Tout le monde étoit déjà couchés ; je l'avertis de ce que j'avois vu & de ce je craignois ; on se rendit dans la chambre d'Eléonore ; mais je ne fus pas surpris de ne l'y point trouver. Nous parcourûmes le jardin & nous fûmes plus heureux ; nous l'a trouvâmes qui essayoit à escalader les murs avec des échelles de cordes. Après nous être assuré d'elle, je retournai dans le dehors, pour reconnoître quel étoit celui qui lui pretoit ce secours. Je trouvai

le neveu du vieux amant. Il m'a-
voua qu'il chériffoit trop Eléonore
pour laiffer fon oncle poffeffeur
d'un bien qu'il croyoit mieux mé-
riter que lui. Comme il n'étoit
pas d'humeur à écouter les remon-
trances que j'aurois pu lui faire,
& que d'ailleurs le fort d'un amant
malheureux me touchoit. Je lui
promis que je ferois auprès de fon
oncle toutes les tentatives, non
feulement pour qu'il renonça à
cette alliance pour lui; mais qu'il
l'accepta pour fon neveu. Comme
Eléonore m'intéreffoit fincerement, je ne balançai point à voir
le vieux oncle & je m'y rendis
dès le lendemain.

Lorfque je l'eus inftruit de l'in-
telligence de fon neveu avec Eléonore, il entra contre lui dans une
fureur violente ; j'effayai de l'a-
doucir par toutes les raifons qui
me parurent plaufibles. Je lui fis
comprendre que je n'étois pas fur,

pris que des traits qui avoient eu tant de pouvoir fur lui , puffent auffi quelque chofe fur un homme de vingt ans ; que d'ailleurs, ni le peu de fortune d'Eléonore , ni la tache qui avoit accompagnée fa naiffance , ne pouvoient être des obftacles affez forts pour rompre les vues de fon neveu. Ces motifs plus que fuffifans dans toute autre circonftance , ne ferviroient dans celle-ci qu'à le couvrir de ridicule ; puifque lui-même , lorfqu'il s'agif-foit de travailler pour lui , les avoit traités de minucies & de petiteffes au-deffous d'une grande âme. La philofophie , lui difois-je, ne doit point vous conduire feu-lement , lorfqu'elle favorife vos in-térêts , mais elle doit vous rendre judicieux dans toutes les circonf-tances. Celle que vous trouvâtes digne d'être votre époufe , ne doit pas vous paroître indigne de de-venir votre niece ; & puis vous le favez, mon cher voifin, toute notre province n'eft pas philofophe; combien y en avoit-il qui vous blamoient d'époufer une fille dont les attraits feuls compofoient toute la dot? Cette action généreufe, qu'à votre âge on traitoit de folie, fera applaudit dans votre neveu, parce qu'il n'a que vingt ans, & que le monde permet à cet âge ce qu'il appelle étourderie. Cependant nous fommes hommes, par conféquent membres de ce monde bizarre; en cette qualité nous devons foufcrires à quelques uns de fes préjugés, & craindre le blâme dont au premier faux pas, il eft prêt de nous accabler.

Je remarquois avec plaifir la fenfation que faifoit mon difcours fur l'efprit du vieux gentilhomme : il fe piquoit d'être philofophe, & il croyoit que la bonne philofophie confiftoit principalement à regarder tous les évènemens de la vie

vie avec un œil indifférent ; mais il n'avoit pas encore étendu cette indifférence jusqu'à l'insensibilité du blâme ; il craignoit le ridicule plus que toutes choses au monde. J'avois trop bien saisis ses foibles pour ne point en attendre une issue favorable, aussi souscrivit-il à tout avec docilité, & j'eus la satisfaction d'unir Eléonore à l'époux qu'elle s'étoit choisis. Pour qu'elle n'eut pas la mortification de devoir tout à Monsieur de Frénet, je lui fis une dot assez honnête pour répondre au bien de son mari. Comme depuis longtems je ne me livrois plus qu'au plaisir de faire des heureux, ç'en fut un bien doux pour moi d'en faire deux dans le même jour.

Monsieur de Frénet augmente aujourd'hui l'aimable société que les hazards heureux m'ont formée ; c'est au milieu de ces tendres amis dont la plupart ont été témoins de mes égaremens, que je regrete des jours trop marqués par des extravagances. Puiffent tous ceux, qui comme moi menent une vie pleine d'inconféquence, réfléchir plutôt que je n'ai fait, & ne point attendre à cinquante ans à devenir raifonnables.

FIN.